애견 교육훈련
바로잡습니다

애견 교육훈련 바로잡습니다

초판 1쇄 발행 2021년 2월 1일

지은이 변상우
펴낸이 장길수
펴낸곳 지식과감성#
출판등록 제2012-000081호

디자인 홍예진, 장홍은
편집 홍예진, 장홍은
교정 홍예진, 정은지
마케팅 고은빛, 정연우

주소 서울시 금천구 벚꽃로298 대륭포스트타워6차 1212호
전화 070-4651-3730~4
팩스 070-4325-7006
이메일 ksbookup@naver.com
홈페이지 www.knsbookup.com

ISBN 979-11-6552-687-0(03520)
값 19,000원

ⓒ 변상우 2021 Printed in Korea

잘못된 책은 구입하신 곳에서 바꾸어 드립니다.
이 책의 전부 또는 일부 내용을 재사용하려면 사전에 저작권자와 펴낸곳의 동의를 받아야 합니다.

홈페이지 바로가기

애견 교육훈련 바로잡습니다

20년 이상 오랜 경험의 지식과 남다른 국내외 경력의 저자가
잘못된 교육법을 지적하고 새로운 방향을 제시한다.

저자 **변상우**
포라우스 독일 애견훈련소

인사말

    우리가 살아가는 주거 환경은 과거에 단독주택의 형태에서 점점 아파트와 같은 편의성을 강조한 밀집형 생활공간이 주류를 이루고 있다.
    그와 함께 반려견을 키우는 많은 가정에서는 주거 공간의 변화에 따라 마당이 아닌 실내에서 함께 밀착된 생활을 하는 가정견들이 다수를 차지하고 있다.
    우리와 함께 생활하는 대부분의 반려견은 늘 가족들의 사랑과 보살핌으로 편안함과 안정적인 생활을 하고 있다.
    그러나 오늘날 문제적 행동견으로 인해 힘들어하는 가정이 늘어나고 있으며 그 유형을 살펴보면 무는 것, 짖는 것, 배변을 못 가림 등이 가장 큰 범위를 차지하고 있다.
    흔히들 개를 사람과 가장 가까운 동물이라고 말한다.
    그런데 왜 좋은 환경에서 보살핌을 받는데도 불구하고 물거나 기타 문제적 행동의 증가로 우리를 힘들게 하는 것일까?
    일반 가정에서 처음부터 애견 교육이라고 하는 것은 앉아, 엎드려, 기다려와 같은 동작이다. 그러나 이 동작을 배우는 것이 중요한 게 아니라 개와 사람 간의 관계를 정확히 이해하도록 하는 관계정립이 우선되어야 한다. 그런 다음 동작인지 교육이 되어야 한다.
    우리가 개라는 동물의 본능과 습성을 제대로 이해하고 잘 리드할 때 문제견으로 성장하는 것을 예방하는 지름길이 될 수 있다.

요즘은 정말 반려견 교육에 관한 TV 프로나 인터넷 동영상 등에서 교육 정보가 흔하다 못해 흘러넘치는 시대가 되었다.

그러나 일부이긴 하지만, 반려견을 대하는 지식과 기본기가 부족하거나 잘못 알고 있는 사람들이 문제적 행동의 한 부분만을 보고 반려견 전체에 기준을 삼는 경우가 있다. 외국 자료를 인용하여 그것이 진리인마냥 여기며 잘못된 편견을 가지고 있는 애견 교육 종사자들도 있다.

이러한 것을 일반인들의 식견에서는 전달 내용의 옳고 그름을 판단하기에는 한계가 있다.

이에 필자는 애견인들에게 잘못 알려진 정보를 바로잡고 반려견이라는 동물을 바르게 이해할 수 있도록 하고자 한다. 이 책을 통하여 반려견과 교육에 관한 기본 방향의 이해와 키우면서 알아야 할 중요한 기본 지식을 강조하였다. 그뿐만 아니라 애견인들의 지혜의 힘을 키우는 데 힘을 쏟았다.

그럼으로써 반려견의 건강과 문제적 행동견으로 성장하는 것을 미연에 방지하고 반려견과 즐거운 생활을 할 수 있도록 돕는 데 그 목적이 있다.

개들이 사람과 함께 살아가기 위해서는 무엇보다도 애견인들이 먼저 알아야 한다.

규칙 없는 과잉 배려는 개들을 때로는 늑대를 만들기도 한다.

반려견의 잘못을 지적하기 전에 우리의 노력이 먼저 필요하다.

애견인들에게 이 책이 지식과 경험을 쌓는 데 유용한 기초 자료로 활용되기를 바라본다.

변상우

인사말 •04

01 견주의 정의   11

   1) 말이 행동을 변하게 한다   •12
   2) 보호자   •12
   3) 견주   •13

02 본능   17

   1) 본능이란 무엇인가   •18
   2) 본능의 신비로운 능력   •18
   3) 개를 키우는데 왜 본능을 알아야 하죠?   •25

03 힘겨루기   29

   1) 사람과 개의 관계   •32

04 먹이는 힘이다   37

1) 개도 밥 먹을 땐 건드리지 않는다? · 38
2) 강아지가 밥 앞에서 물러나는 법을 가르쳐라 · 39
3) 식기(밥) 앞에서 강아지 밀어내기 · 41
4) 먹이 선택의 중요성 · 46
5) 사료의 곤충 테스트 · 48
6) 자연식의 중요성 · 55
7) 생식 · 60
8) 생식 방법 · 62
9) 장 건강을 튼튼히 합시다 · 70

05 목줄 착용의 정확한 이해   75

1) 목줄의 종류 · 76
2) 가슴줄을 착용하지 마세요 · 77
3) 가슴줄의 위험성 및 기본형 목줄 착용은 필수 · 79

06 사물 체험 교육이란   85

1) 사물 체험 교육 시기 · 87
2) 사물 체험 교육의 주의 사항 · 88

07 반려견 산책이 문제다   93

1) 문제적 행동견, 산책을 많이 시켜주면 됩니다? · 94
2) 이제까지 잘못 알고 있던 산책 · 94
3) 우리가 산책을 제대로 이해하자 · 95
4) 개에게 산책이란? · 97

5) 올바른 산책훈련 방법론	·98
6) 반려견에게 정말 필요한 것은 달리기	·101
7) 여름철 산책할 때 주의사항	·104

08 애견카페 조심   109

1) 애견카페 및 애견운동장을 조심해야 할 강아지들	·110
2) 1:1 교육법	·111

09 개집 훈련이 중요한 이유   115

1) 개집의 의미	·116
2) 케이지 훈련	·116
3) 케이지에 가두지 마세요?	·117

10 카밍 시그널 과도한 적용의 위험성   121

1) 하품 또는 날숨의 이해	·125
2) 변 사부의 지적, 카밍 시그널의 잘못된 이해	·127
3) 변 사부의 카밍 시그널에 대한 일침	·130
4) 변 사부의 지적	·133
5) 변 사부의 Point	·135

11 잘못 알고 있는 클리커 교육법   137

1) 클리커의 유래	·138
2) 목적 강화물	·139
3) 클리커와 애견 교육	·140

4) 클리커 애견 교육법의 예시 · 141
5) 클리커 교육을 추천하는 분들, 그것이 최선입니까? · 142
6) 클리커 교육 하지 마세요! · 143

12 변상우의 행동반응 법칙   149

1) 행동반응 법칙의 정의 · 150
2) 고전적 조건 형성 · 151
3) 행동반응 법칙의 기본 교육방법 이해 · 152

13 터그(Tug) 놀이의 잘못된 이해와 그 위험성   159

1) 터그는 놀이용 장난감이 아니다 · 160
2) 터그의 위험성 · 161
3) 터그 아닌 다른 놀이 방법 · 164

14 애견훈련소 또는 가정방문 훈련   167

1) 애견 교육의 중요성 · 168
2) 가정방문 훈련 · 168
3) 애견훈련소 위탁 교육 · 169
4) 어느 것이 더 나은 교육방법인가요? · 169

15 애견훈련사   175

16 추적과 수색의 바른 이해   179
    1) 훈련경기 대회의 잘못된 용어 사용   ·180

17 비전문가의 애견 교육 상담   183

18 동물보호법 개정이 필요하다   185
    1) 맹견법 시행   ·186
    2) 변상우의 맹견 관리법 개정   ·187
    3) 맹견   ·188
    4) 우리 개는 안 물어요?   ·190
    5) 입마개 착용의 모순   ·194
    6) 가슴줄 착용의 그 위험성   ·196
    7) 가슴줄 착용 금지법   ·199
    8) 맹견 사고 개줄이 위험하다   ·201

19 애견산책법 법률 제정을 말한다   207
    1) 1일 1회 의무 산책법   ·208

나의 삶, 나의 꿈 ·212

1
견주의 정의

(1) 말이 행동을 변하게 한다

반려견을 키우고자 분양받는 가정이 많이 증가하면서 나타난 변화 중 하나가 반려견을 사람 대하듯 하는 것이다. 그로 인해 사용언어로 동물보다는 사람에게 사용되는 단어를 많이 쓰고 있다. 그 안에는 과도한 관심과 배려 또한 함께하고 있다.

말(言)의 힘은 행동을 따르게 하고 변화를 일으킬 수 있기 때문에 주의해야 한다.

(2) 보호자

보호자는 사전적으로 미성년자나 또는 어떠한 사람을 보호할 책임, 법률적으로는 가족 구성원 중에서 부양의 의무를 맡고 있는 사람을 말한다.
동물보다는 상위 개념인 사람에게 쓰이는 용어로, 아무리 반려견이 사람과 가까운 동물이긴 하나 동등한 용어 사용은 바람직하지 않다.
반려견에게 넘치는 사랑 또는 관심은 '보호자'라는 용어와 같이 과도한 언어적 배려로, 견주의 의식 변화에 따른 문제가 반려견에게 나타날 수 있다.
보호자라는 호칭의 사용은 우선 개가 변화하는 것이 아니라 보호자 호칭을 듣는 본인이 반려견을 대할 때 약자 또는 불쌍한 존재, 보살핌, 보호 등의 심리 상태를 만들어낼 수 있다.
자신도 모르게 그러한 심리에서 누적된 수평적 동물복지가 개의 시각에서는 배려로 인식하는 것이 아니라, 자기 스스로 주도권을 가지고 무리생활 습성의 행동을 가족에게 할 수 있다. 개들에 따라서는 가족의 말을 듣지 않고 자기주장이 강한 개들이 될 수도 있다는 것이다.

개를 학대해서는 안 되지만 사람과 같은 동격으로 배려한다면 생기는 많은 문제점이 바로 고집이 세지고, 자기중심적 행동 증가, 짖음과 무는 개로의 변화이다. 개는 무리생활을 하는 동물의 강한 본능을 가지고 있다. 과도한 배려가 개의 시각에서는 잘못된 이해를 할 수 있다는 것이다.

대표적인 것이 가족을 무는 행동이다.

개와 사람의 생각 구조가 다르기 때문이다. 과도한 배려의 시작은 잘못된 용어에서부터 시작된다.

말에는 생각이 담겨 있고 생각은 행동을 하게 하는 힘을 가지고 있다.

개는 약자가 아니다. 그러므로 보호자라는 용어는 부적절하다.

3 견주

견주라 함은 犬(개:견) 主(주인:주)의 뜻을 사용하는 것으로 대부분 이해하고 있을 것이다.

견주라는 용어는 일반적으로 알고 있는 이 단어의 음과 같으나 뜻은 다르게 해석해야 한다.

주인 주(主)의 기본 의미는 주인, 소유자, 물건의 임자 등으로 쓰이지만 옥편을 찾아보면 우두머리란 의미도 함께 있다.

우리가 흔히 부르는 축구팀이나 야구팀 같은 단체 운동 구성의 팀 대표자를 주장(主將)이라고 한다.

견주라는 표현이 마치 소유물을 대하는 듯한 느낌이라 사용을 꺼리는 경향이 있는 듯하다. 하지만 우두머리라는 의미가 부여될 때는 우리의 생각과 행동이 달라지고, 개라는 동물이 어떤 생태적 특성이 내포되어 있는지 쉽게 이해할 수 있다.

개가 인간의 주거 환경에 처음 들어온 약 1만 년 전후부터 오늘날에 이르기까지 생활환경의 변화에도 상관없이 여러 마리의 형제견 무리로 태어나 생존 경쟁과 각자 편의를 도모하고, 힘의 논리를 통해 강자와 약자를 나누고, 무리 생활의 기본을 강아지 때부터 터득해 나간다.

❖ 1-1 헝겊을 차지하기 위한 힘겨루기

이러한 본능의 특성을 가진 개를 다룰 때는 동물의 시각에서 이해하고, 그에 합당한 행동 및 관리 그리고 올바른 용어 선택이 따라야겠다.

앞니 중에 날카로운 송곳니를 4개씩이나 보유하고 있을 때는 그만한 이유가 있다.

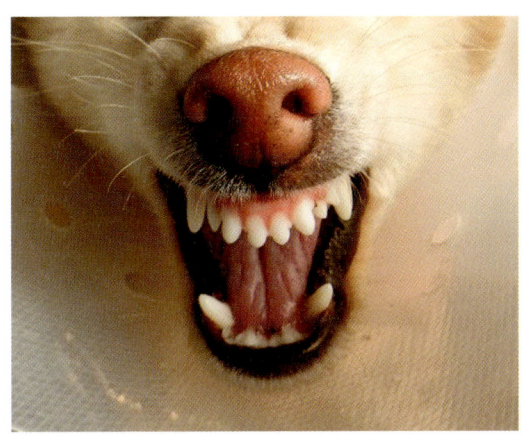

✿ 1-2 공격성을 보일 때 송곳니는 위협적이다

그 송곳니가 사냥이나 외부 위협으로부터의 생존과 방어의 목적으로만 사용이 이루어져야지 가족이나 주위 이웃에게 사용되어서는 안 되기 때문이다.

우리가 키우는 강아지가 우리 가족을 우두머리로 인정할 수 있도록 동물적 배려가 필요하다.

개들은 보호의 대상이기보다 관리의 필요성이 더욱 중요하므로 교육에 힘써야 하며 올바른 용어 사용이 교육의 시작이다.

앞으로는 보호자가 아닌 견주라고 불러야겠다.

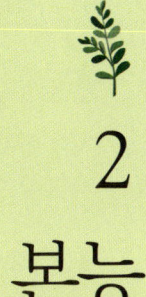

2
본능

① 본능이란 무엇인가

본능(本能, Instinct)은 자연에서 누군가에 의해 학습되거나 외부의 어떠한 영향 없이 스스로 생존에 필요한 행동을 해나가는 것으로, DNA 유전자의 영향에 의한 조상으로부터 물려받은 무형의 기본행동 정보를 말한다.

(1) 생존(生存) 본능

생존 본능이란 살아남기 위해 하는 먹이 활동 및 환경 적응과 극복의 전개과정이라 할 수 있다.

그와 함께 종족 보존을 위한 짝짓기뿐만 아니라 출산과 양육에 따른 일련의 과정을 말한다.

② 본능의 신비로운 능력

(1) 복어의 번식기 본능

일본 오키나와섬 북동쪽 바다에서 미스터리 서클이 처음 발견되었는데, 돔 축구경기장 모양의 문양이 신비롭고 예술적인 화려함이 있지만 인류의 문화와는 뭔가 모를 이질감이 느껴진다. 혹시 외계인의 작품인가?

이 작품의 작가는 학명 'Torquigener albomaculosus'라는 일본 복어다.

문양은 수컷 복어가 짝짓기 철 암컷을 유혹하기 위한 수단으로 만들었다. 10~15cm 전후의 수컷 복어가 무려 2m가 넘는 규모의 서클을 1주일이 넘도록 만든다고 한다.

복어가 모래를 이용하여 규칙적이며 입체적 건축물을 만들어 암컷을 유혹하고 종족 보존을 위한 행동이 신비롭기만 하다.

(2) 뻐꾸기의 생존 본능

탁란(brood parasitism)으로 유명한 뻐꾸기를 한번 살펴보자.

여름 철새인 뻐꾸기는 번식기가 되면 암컷은 다른 둥지에서 부화 중인 딱새, 텃새들의 집에 몰래 알을 낳고 사라진다.

여기까지가 어미 새의 역할이다.

✿ 2-1 암컷 뻐꾸기가 몰래 남의 둥지에 탁란한 사진 (큰 알이 뻐꾸기 알)
출처 케이주의 세상살이, '뻐꾸기 탁란의 전 과정'

뻐꾸기 어미 새는 몰래 탁란을 할 때 둥지에 있는 알과 같은 색의 알을 낳는데 그 둥지 어미 새의 눈을 속이기 위한 행동이다. 정말 대단한 적응 능력이다.

탁란으로 다른 새의 알과 함께 부화된 새끼 뻐꾸기의 생존 투쟁은 더욱 더 놀랍다.

일단 알에서 부화된 뻐꾸기 새끼는 둥지에 함께 있는 다른 알과 부화된 새끼들을 나무 위 둥지에서 밀쳐 떨어져 죽게 만든다.

❖ 2-2 아직 눈 뜨지 않은 뻐꾸기 새끼가 다른 알을 밀쳐내는 모습
출처: 케이주의 세상살이, '뻐꾸기 탁란의 전 과정'

보다 많은 먹이를 대리모 어미 새에게서 받아먹기 위한 생존 전략이다. 뻐꾸기 새끼는 어떠한 교육이나 학습 없이 생존시계에 의한 행동으로 자기 보호와 생존을 위해 본능적으로 위협을 제거해나간다.

❖ 2-3 경쟁자를 제거하기 위해 뻐꾸기 새끼가 다른 새끼를 둥지에서 밀쳐내는 모습
출처: 케이주의 세상살이, '뻐꾸기 탁란의 전 과정'

(3) 쥐의 생존 본능

다음 사진은 필자의 애견훈련소에서 발견하여 촬영한 것으로 그 어떠한 조작이나 인위적인 행동은 전혀 없었음을 밝힌다.

훈련장에는 반려견들이 견주의 명령어에 자기 집에 스스로 들어가는 교육을 위해 설치된 교육용 개집이 있다.

어느 하루는 오전 교육을 진행하고 있는 가운데 개집 하단 바닥 모서리 부분 두 곳에서 구멍을 발견하였다. 그것은 쥐구멍이었다.

❖ 2-4 쥐구멍 1

❖ 2-5 쥐구멍 2

1개의 쥐구멍이 적의 침입을 받거나 파괴가 되면 다른 쥐구멍으로 탈출하기 위한 비상구와도 같은 역할을 한다는 것을 알아챌 수 있었다.

이러한 집 짓는 방법에도 만약을 대비한 계획이 다 있다는 것이 놀라웠다.

그러나 더 놀라운 것은 다음 날이었다.

전날 주위의 인기척을 의식했는지 쥐구멍 두 곳에 폐비닐을 주워 와서 막아놓는 놀라운 행동을 보여줬다.

이렇게 생존 환경의 위협을 받았을 때 어떠한 학습이 없어도 자기를 보호하기 위해 하는 행동들이 신비하기도 하지만 동물들의 생존 본능이 얼마나 강한지를 확인할 수 있었다.

❈ 2-6 쥐가 폐비닐로
쥐구멍을 막은 모습

❈ 2-7 폐비닐로 방어하기 위해
쥐가 구멍을 막은 모습

(4) 개의 본능

개는 어미견 배 속에서부터 출산 이후에도 군집(群集) 형태의 무리생활을 하게 된다.

생후 2주 전까지 눈을 뜨지 못한 채 어린 강아지들은 강력한 후각으로 어미개의 젖꼭지를 찾아가 젖을 먹게 된다.

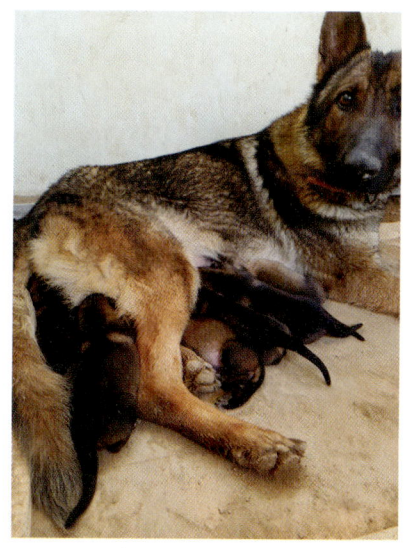

❀ 2-8 생후 2주까지 눈을 뜨지 못한 채 후각으로 어미의 젖을 찾아가 먹는 모습

강아지들은 생후 2개월 전후가 되면 욕구에 대한 강한 표현으로 먹이를 차지하려는 욕심과 물건 등의 소유욕을 나타내기 시작한다.

❋ 2-9 생후 2개월 전후가 되면 강아지들이 소유욕에 대한 경쟁이 시작된다

❋ 2-10 강아지들의 본능적인 먹이 경쟁

　발정이 시작된 암컷의 경우 종종 땅을 파는 행동을 목격할 수가 있는데, 이것은 발정기의 신체적 변화에 맞춰 두뇌의 학습된 지식이나 경험이 아닌 DNA 유전자의 조상이 물려준 행동 정보를 자연스럽게 표현하는 것이다.
　앞서 나열한 이러한 행동은 태어나 성장에 따른 생체시계가 지시하는 것으로 아파트에서 실내 생활을 하던 양떼 목장에서 양몰이 견으로 생활하던 모두가 환경에 따라 형태는 조금씩 다를지라도 공통적으로 나타나는 행동이다. 때로는 애견의 문제적 행동이 본능적 욕구 불만족의 분출에서 나타날 수도 있음을 우리는 알아야겠다.

③ 개를 키우는데 왜 본능을 알아야 하죠?

앞에서 설명한 것처럼 동물들은 생존을 위한 본능적 행동을 한다.

인간과 개를 비교했을 때 동물적 시각에서는 본능적 욕구가 비슷해 보일지라도, 인간에게는 학습과 경험을 바탕으로 지적 탐구능력을 배양하고 실수를 반복하지 않고 발전하려는 욕구가 있다. 호모 사페엔스(Homo Spaiens)는 라틴어로 지혜가 있는 사람을 뜻한다.

인간은 지성을 갖추고 선택적 삶을 스스로 결정하고 살아갈 수 있다.

그러나 개라고 하는 동물은 약 1만 년 전후로부터 인류와 함께 가장 가까운 곳에서 함께 살아왔지만 여전히 생존 본능에 의해 기본적인 욕구 충족의 사고(思考)에 머물러 있다.

이러한 개들은 한 마리 이상의 무리가 형성되면 힘의 논리에 의해 주종관계(主從關係)를 만들고 영역화해 나간다.

옛날 시골에서는 개를 적당한 거리를 두고 마당에서 키웠다면, 오늘날 우리는 주거 공간 안에서 함께 자고 함께 생활한다.

대부분의 가정에서는 무한애정과 한없는 배려와 보살핌으로 귀여운 우리 강아지를 대할 것이다.

그러나 안타깝게도 우리가 사랑하는 개들이 가족을 물고 타인을 공격하는 일이 너무 많이 일어나고 있다. 애견훈련소에 가족들이 팔, 다리, 심지어 얼굴을 물리고 오시는 견주분들이 정말 많아졌다.

낯선 이를 무는 것도 안 되지만, 개의 본능 중에 경계의 본능이 있기 때문에 이는 조심해야 한다. 그러나 가족을 무는 것은 그것과는 다른 형태이다.

개의 시각에서는, 가족을 한 무리로 이해하고 그 안에서 주도권을 잡고 싶은 마음이 무는 행동으로 발현된다. 강아지 때부터 주종관계에 있어 강아지가 '을'이 되도록 교육을 해야 한다. 힘의 우위를 가족이 가질 때 문제적 행동을 예방할 수 있기 때문이다. 가정 내 생활 규칙을 만들어 지키게 하고 잘못하면 야단치고 지적하며, 필요할 때는 위압적인 분위기와 목소리 및 동작으로 견주의 기분이 화나 있다는 것을 느끼게 하고 '너는 지금 잘못했다'는 것을 견주의 행동으로 가르쳐야 한다.

요즘 보면 반려견을 야단치고 혼내는 것이 야만적이며 무식한 행동이라는 분들이 있다.

개들은 그들만의 행동 언어라는 게 있다.

어미견은 강아지를 교육할 때 물거나 누르거나 밀치거나 하면서 질서를 바로잡는다.

어미견은 과연 무식한 행동을 하는 것일까?

개에 대한 올바른 지식 없이 마냥 보호의 대상으로 개를 바라보는 행동이 문제견을 만들 수 있다.

그래서인지 요즘 견주들의 마음만 사로잡아 감성을 자극하고 개를 사람처럼 대하며 교육이 되는 것처럼 보여주기 식으로 잔꾀를 부리는 이들도 있다.

개는 본능적 행동으로 경험을 쌓고 그것을 바탕으로 행동양식을 만들어 나간다.

우리는 심리적으로 '반려견을 지배한다'라는 의식을 가져야 한다.

개를 학대하라는 말이 아니다.

잘한 것과 잘못한 것을 지적하고 수긍하는 생활 분위기를 만들어야 한다.

개는 동물이다.

오늘날 가장 가까운 곳에 함께한다 하여 '반려견'의 호칭까지 가지게 되었다.

그런데 반려견을 분양받아 애완견(장난감 개)으로 키우는 것은 아닌지 의문이 든다.

개에 대해 올바르게 공부하지 않고 귀여워서 키우거나 호기심에 키우는 것은 아닌지 스스로 되물어 보자.

개는 물건이 아니다.

미취학 아동만큼의 보살핌과 그만큼의 비용 또한 발생한다.

동물이라 할지라도 한 생명과 인연 맺는 것은 함부로 해서는 안 된다.

견주에게는 책임이 함께 부여된다.

매일 산책을 병행하여 운동을 시키고 예절교육도 시켜야 한다.

매년 유기견의 수가 계속 증가하고 있다.

사료비가 없어서 버리는 것이 아니라 배변 못 가리고, 짖고, 물어뜯고, 사람을 물고, 이러한 문제적 행동이 부담스러워 유기하는 것은 아닐까라고 필자는 많은 상담과 교육의 경험상 생각해 본다.

개는 송곳니가 있는 동물이다.

개는 사람과 가장 가까운 동물이지만 잘못 키우면 위험한 맹수가 될 수도 있다.

우리가 하기 나름이다.

그만큼 사람의 책임과 노력이 중요하다.

개를 사람처럼 이해하고 보살필 것이 아니라 개가 가진 사회성을 이해하고 동물적 시각에서 접근해야 문제견이 되지 않는다.

3
힘겨루기

개들의 언어는 짖음을 통해서도 이루어지지만 몸으로 하는 행동언어가 훨씬 구체적이고 감정의 전달이 잘 표현된다.

강아지들이 빠르면 생후 45일쯤부터 시작해서 생후 2개월 전후가 되면 식욕 및 활동력과 행동에 변화가 많이 일어난다.

강아지들이 태어날 때 여러 마리의 형제견들이 동시에 출산되면 다양한 성격을 지닌 강아지들이 태어난다. 전투적이고 도전적인 성향의 강아지, 겁이 많고 소심한 성격의 강아지, 강해 보이지만 쉽게 포기하는 성격의 강아지 등 여러 가지 유형의 성격들을 가지고 있으며, 생후 2개월 전후부터 형제견들끼리 놀이와 장난을 하면서 본격적으로 힘을 키우고 서열을 만들어 나간다.

✿ 3-1 강아지들끼리 물건을 뺏기 위한 경쟁

사람의 시각에서 보면 강아지들끼리 장난치고 노는 것처럼 보인다. 하지만 강아지들은 본능적으로 상대의 몸 위에 올라타고 물고 하는 과정에서

서로 상대를 가늠하고, 시간이 지나면서 힘의 논리에 의해 계급이 나뉘며 리더가 무리(형제견) 중에 나타난다.

❋ 3-2 상대를 누르고 목을 무는 모습

❋ 3-3 상대를 누르는 행동

대략 2개월 정도의 강아지라 할지라도 강한 성격의 녀석들은 상대가 항복하기 전까지는 성견들 못지않게 치열하게 싸우는 경우도 자주 목격한다.

이러한 무리 생활의 폭력적 행동은, 무리 전체의 생존을 위한 먹이 사냥과 분배에 이르기까지 질서를 바로잡아 혼란을 초기에 정리하고 생존에 유리한 환경을 만들고자 하는 집단적 본능 행동이다.

❋ 3-4 대형 견종들의 힘겨루기

여기까지는 강아지들 간의 행동을 관찰하고 본능에 따른 사회성에 관한 이야기였다면 입양 후 강아지는 개와 사람의 관계로 변화하고 발전하게 된다.

① 사람과 개의 관계

강아지가 입양된 이후 가정 내에서 생활을 시작하면 가족을 비롯하여 움직이는 사물에 대한 관찰을 시작한다. 그 후 그 대상물이 나에게 긍정적인지 부정적인지를 파악하고 강아지의 성격에 따라 피할 것인지 제압 또는 극복할 것인지를 알아가는 초기 적응기의 시간을 가지게 된다.

강아지는 생존 본능에 의해 상대방에게서 나는 냄새를 맡고 접촉하면서 판단의 기준을 잡는다.

우리가 강아지를 처음 맞이하여 대할 때, 귀엽다 보면 대부분의 것을 허용하고 강제성 없이 사랑으로 보살피는 것이 일반적이다.

활동적인 강아지들은 이러한 환경이 조성되면 사람에게 뛰어 오르거나 짖거나 하는 행동들을 나타낼 수 있다.

성장기의 강아지는 가족을 자기보다 강한 존재, 넘어설 수 없는 존재로 이해하고 각인할 수 있도록 강아지 때부터 허용되는 것과 용인되지 않는 것을 명확히 할 필요가 있다.

이 말은 강아지를 강제적으로 억압하고 괴롭히라는 것이 아니라 사람과 동물, 특히 개라는 동물은 남다른 교감능력을 가지고 있다.

그러나 어떠한 행위를 두고 사람은 배려라고 베풀었다면, 개는 자기의 권리 또는 당연한 내 것으로 받아들일 수 있는 사람과는 다른 동물의 시각이 존재한다.

예를 들어 '13. 터그(Tug) 놀이의 잘못된 이해와 그 위험성' 편에서 설명이 되어 있지만, 복종성 교육이 되어 있지 않은 가운데 터그를 이용하여 놀아주는 물고 당기고 흔드는 과정에서 야성적 본능이 자극되고 그로 인해 스스로 강해지려는 경향이 생긴다. 강아지 때 견주의 손가락을 깨무는 것이 귀여워 그냥 장난으로 허용하면 성장 후 견주를 만만히 보고 통제에 따르려 하지 않거나 때로는 가족을 무는 개들도 생긴다.

그뿐만 아니라 먹이에 대한 욕심과 예민한 개, 개를 만지거나 특정 신체 부위를 건드리면 위협하는 등의 다양한 자기표현이 나타날 수 있다.

이는 강아지와 견주가 첫 대면과 사귈 때 우리들의 자세가 중요하다.

개는 장난감이 아닐뿐더러, 귀엽다 하여 너무 많은 시간을 강아지와 함께하고 취침하거나 계속적으로 품에 안고 있는 등의 과도한 접촉은 정말 순종적인 성품의 강아지가 아니라면 여러 문제적 행동을 만들어낼 수 있다.

강아지를 입양하여 집에 도착하면 가족들은 강아지에게 힘겨루기의 대상이 되지 않도록 주의해야 한다. 강아지는 시간이 되면 일정한 공간에서 취침하게 하고, 대소변 장소를 지정하여 가리게 하며, 초인종 소리나 외부 소리에 민감해지지 않도록 강아지 때부터 주의를 주고 훈육하며, 먹이는 정해진 시간에 먹고 과도한 욕심을 내지 않도록 계속적인 훈육을 진행해 나간다.

물론 처음부터 잘 되지는 않는다. 그러나 꾸준히 연습하고 잘못을 지적하여 자기의 행동이 긍정과 부정으로 어떻게 평가받는지를 견주의 태도를 보고 이해하도록 되풀이하면, 일정 시간이 지난 후 잘 했을 때와 잘 못했을 때의 견주의 반응을 이해하게 된다.

개라는 동물은 접촉을 통해 많은 것을 이해하고 깨닫는 특징을 가지고 있다.

옛말에 세 살 버릇 여든까지 간다는 말이 있다. 강아지들 또한 어릴 때 정확한 생활규칙을 만들고 이에 따르도록 하는 훈육을 하다 보면 대부분의 문제적 행동을 미연에 예방할 수 있다.

자칭 전문가라고 하는 사람들 중에서도 개를 대상으로 휴머니즘과 모성애, 그리고 동물 권리라는 것을 내세워 과도한 배려를 조장하는 경우가 있다.

호응과 공감대는 쉽게 형성하지만 이러한 환경에서 자란 개들은 무례하고 행동을 마음대로 표현하여 가족과 이웃 모두를 불편하게 할 우려가 크다.

송곳니 4개가 입 안에 숨겨진 동물이 사람과 더불어 살아가기 위해서는 사람의 입장에서 개라고 하는 동물을 바라볼 필요가 있다. 반려동물이라 해서 사람처럼 이해하고 배려할 것이 아니라, 사람과는 다른 행동 양식을 가진 동물을 마당도 아닌 우리의 실내 주거 공간에 들이는 데 있어 동물의 눈높이에서 이해하고 공부하는 자세가 필요하다.

가정에서 함께 생활하는 강아지나 성견들이 힘겨루기와 같은 행동으로 가족들이 시험에 들지 않도록 주의 깊게 살펴야 한다.

문제적 행동견은 그 출발이 작은 행동에서부터 시작된다.

4

먹이는 힘이다

통제력은 먹이로부터 시작된다.

통제력을 견주가 가지지 못하면 많은 반려견들은 짖음, 공격성, 산책 시 심한 줄 당김 등으로 자기감정을 더욱 적극적으로 표출하게 된다.

강아지는 어미 개에게서 젖을 먹으며 생명을 보호받는다. 그리고 어미 개가 만든 행동 규칙대로 강아지 형제 무리의 질서를 잡는다.

애견훈련소에서 강아지를 교육할 때 쓰이는 보조 수단 중 하나가 먹이를 이용하는 것이다.

강아지에게 애견훈련사가 요구하는 동작을 유도하고 보상으로 먹이를 주고 명령어에 대한 개념화를 함으로써 학습이 된다.

강아지와 성견 모두 상대에게 먹이를 배급받는 구조가 되면 그 대상에게 귀속된다는 의미를 가지게 된다.

먹이를 분배하는 위치에 서는 것은 우두머리(Boss)의 역할을 하게 되는 것이다.

하지만 일반 가정에서 반려견을 제대로 리드하지 못하면 밥 주는 집사가 되는 경우를 종종 보게 되는데, 이 부분은 다시 언급하겠다.

① 개도 밥 먹을 땐 건드리지 않는다?

옛 속담에 개도 밥 먹을 땐 건드리지 않는다는 말이 있다.

이 말은 먼 과거의 우리 선조들이 개가 밥을 먹을 때 가까이 가면 으르렁 하는 것을 보고 사람과 빗대어 속담으로 만든 것이다. 개에게 먹이는 먹이 그 이상의 의미로 생존과 바로 맞닿아 있기 때문에 누군가 옆에 오면 예민하게 반응하거나 물려고 하는 행동 또는 급하게 먹는 행동을 많은 개들이 하게 된다.

가정에서 견주들이 밥 먹는 반려견 식기를 바르게 놓아주기 위해 잡으려 가까이 다가갔을 때 으르렁 하고 위협하거나, 일부 개들은 견주를 물기도 한다.

개는 어떠한 경우에도 가족을 물거나 위협해서는 안 된다.

특히 견주와 함께 있을 때 주변 환경이 원초적인 본능을 자극하여 흥분이 되더라도 일정한 경계선을 넘어서는 안 되며, 강아지 때부터 계획된 교육을 진행하여 욕구를 충족하려 하기보다 견주를 의식하고 따를 수 있도록 강아지 때 교육에 힘써야 한다.

② 강아지가 밥 앞에서 물러나는 법을 가르쳐라

훈련 시기는 빠를수록 좋으며 강아지 때부터 진행하는 것이 바람직하다. 이 훈련은 자연스러운 복종훈련의 기본 형태와 의미를 개의 본능적 특징 중 하나인 힘의 논리에 순응하여 따르게 하는 것이다.

❖ 4-1 강아지들이 밥 먹는 모습

생후 3개월을 넘어서기 시작하면 형제 강아지들 간에도 힘겨루기를 통한 서열을 만들어 나가기 시작한다. 그 서열은 먹이나 강아지들 간에 몸으로 하는 놀이 또는 공이나 장난감 등 경쟁을 통해 혼자 가지려 하는 욕심이 신체 성장과 함께 나타나면서 힘에 의한 무리의 질서가 잡혀 나간다.

❖ 4-2 강아지들의 장난감 공을 서로 뺏기 위한 경쟁

이 훈련은 생후 2개월에서 3개월 전후에 하는 것이 가장 좋다.

생후 2개월에서 3개월 사이 강아지에게 이런 경험은 쉽게 흥분하거나 자기중심적 생각과 행동이 선행되는 것이 아니라, 어떠한 상황 전개에 있어서 견주를 의식하고 견주의 행동에 따라 그 분위기에 따라가는 성향의 개로 성장하는 데 도움을 줄 수 있다.

강아지 때 약 한 달 정도의 이 경험은 견주와의 관계를 새롭게 하고, 강아지에게 '견주보다 약한 존재이다'라는 것을 어릴 때 경험하게 함으로써 훗날 성견이 되었을 때 혹시나 있을지 모를 공격성이나 과도한 짖음 등의 폭력적 행동을 사전에 제거하고, 강아지의 행동의 중심에는 항상 견주가 있다는 것을 학습하는 데 그 목적이 있다고 하겠다.

(3) 식기(밥) 앞에서 강아지 밀어내기

① 먼저 식기 앞에서 "앉아", "기다려"라는 말에 먹이를 먹지 않고 기다리는 교육을 먼저 실시한다.

방법: 식기(그릇)에 먹이를 한 숟가락 정도의 양으로 준비하고 강아지가 보는 앞에서 식기를 들어 올리며 "앉아"라는 명령어를 지시한다.

처음에 강아지가 이해하지 못하겠지만 강아지의 시각보다 높은 위치에 식기를 들고 있으면 강아지의 시선은 그 식기를 바라보기 위해 위로 올려다보게 된다. 이때 경추(목뼈)를 하늘 방향으로 젖히면 1차적으로 목을 압박하지만 목 젖힘이 2차적으로는 뒷다리와 엉덩이(십자부) 부분이 눌리는 듯한 압박이 동시에 일어난다.

특히 강아지는 이런 동작의 압박을 계속 지탱하기에는 아직 근육이 약하다.

그렇기 때문에 대부분의 강아지는 자신의 눈높이보다 높은 위치의 물체를 계속해서 바라보다 보면 신체의 불편함이 곧바로 오기 때문에 자연스럽게 앉게 된다. 이때 "앉아" 명령어와 그다음 "기다려"라는 명령어를 지시하고 5초 정도 기다리게 한 후, "먹어"라는 명령어와 함께 식기를 내려 먹게 놓아 준다.

❋ 4-3 집중하여 식기를 바라보고 앉아 있는 강아지의 모습

이 동작은 급식할 때마다 3~5회 정도 하도록 하고, 어려운 동작이 아니기 때문에 빠르게 배우게 될 것이다.

② 바닥에 있는 식기의 먹이 기다리기

강아지가 스스로 행동하여 취할 수 있는 근접거리에 식기를 놓고 기다리게 한 후 5~10초 후 "먹어"라는 명령어와 함께 제약을 해제해준다.

❖ 4-4 바닥에 놓인 먹이 기다리기

이때도 ①과 마찬가지로 먹이를 여러 차례 나누어 한번 급식할 때 거듭하여 다시 반복학습이 될 수 있도록 한다. (만약 기다려가 되지 않는다면 견주가 목줄을 잡고 제지한다.)

③ ①과 ②를 반복하여 먹이 앞에서 기다려 학습이 되었다면, 다음 단계는 먹이를 먹고 있는 강아지에게 먹는 것을 중지시키고 기다리게 하는 것이다.

이 부분이 일반인들에게는 약간 어려울 수 있다.

처음에는 강아지가 먹고 있는 것을 포기하고 식욕을 자제하기가 쉽지 않다.

❖ 4-5 강아지가 먹이를 먹고 있는 모습

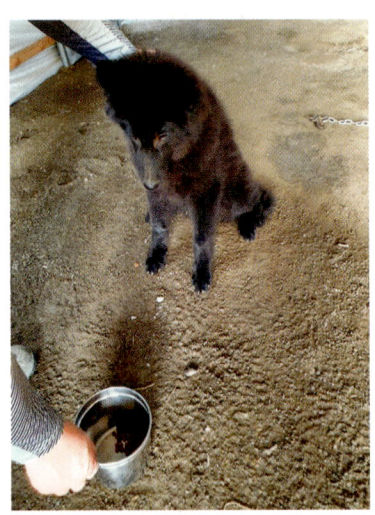

❖ 4-6 강아지가 먹이를 먹고 있는 것을 떼어 놓는 모습

　사진 4-6을 보면 먹이를 먹고 있는 강아지에게 견주가 한 손은 강아지 목줄을 잡고 한 손은 식기를 강아지로부터 멀리 이격시킨다. 이때 사용하는 명령어는 "안 돼"와 "기다려"이다.

"안 돼"는 먹이를 먹고 있는 강아지에게 먼저 경고하고, 목줄로 이끌어 식기와 이격시킨 후에 "기다려"라는 명령어로 멈춰 있도록 학습한다.

여기서 "안 돼"는 먹고 있는 강아지의 행위에 대한 경고이자 중지를 명령하는 것이다.

처음에는 이 용어에 대한 이해가 없기 때문에 제지가 잘 되지 않는다.

그래서 ①, ②의 과정이 잘 교육되는 것이 중요하다.

그러나 앞서 설명처럼 계속적으로 하다 보면 어느 순간 멈추게 된다.

이것은 단순히 먹는 것을 제어하는 것에 국한된 것이 아니라 짖음이나 산책이 함께 걷기 등 다양한 환경에 노출되었을 때, 흥분하는 행동을 안정시키고 따르게 하는 데 첫 통제 구령으로 응용하여 활용할 수 있다.

③단계까지 훈련을 계속하다 보면 어느 순간 목줄을 잡고 견주의 완력으로 식기에서 물러나게 하던 것이 명령어만으로 먹던 것을 그만두고 뒤로 물러나는 것을 확인할 수 있다.

🐾 4-7 먹이를 먹고 있는 식기를 뺏는 모습

그 상태에서 다시 "먹어"라는 명령어와 함께 먹이를 먹고 있을 때 약 10초에서 15초 후, "안 돼"라는 중지 명령과 "기다려"라는 대기 명령어와 동시에 강아지가 물러나기를 기다리는 것이 아니라 견주가 바로 식기에 손을 가져가 보자. 자연스럽게 물러나거나 또는 견주가 식기를 가져가는 것에 대해 저항하는 표현이 나오지 않아야 된다.

그렇게 되면 비로소 밥 앞에서 물러나는 법을 배우게 되는 것이다.

어린 강아지 때 대략 한 달간의 이 경험은 견주와 강아지의 경계를 명확히 하고, 성장기의 문제견 행동을 바로잡는 데도 큰 도움이 될 수 있다.

4 먹이 선택의 중요성

(1) 사료 또는 자연식 (생식 포함)

강아지가 젖을 떼고 난 후 일반 가정에 분양이 되면 자견, 미성견, 성견, 노령견의 순서로 성장과 노화를 하게 된다. 개에게 우리가 급여하는 먹이는 단순한 영양 공급을 위한 음식물이 아니다. 먹는 즐거움과 건강에 이르기까지 함께 생각해야 한다.

(2) 사료는 완벽한 종합 영양 식품이다?

사료는 영국의 제임스 스프랫(James spratt)이 1860년 도그 비스킷을 만드는 것에서 시작되었고 2차 세계대전 후 미국의 시장 경제에 의해 더욱 상업화되고 발전하게 되었다.

사료 산업의 적극적인 보급은 100년도 채 되지 않았다고 볼 수 있다.

사료는 주성분이 단백질과 지방으로 구성되어 있고 그 외 필수 영양소들이 포함되어 있다.

사료는 건식사료와 습식사료로 크게 나눌 수 있으며 세계 경제 발전과 더불어 반려견 가정에서 애견 급식에 따른 영양, 시간, 편리성 등의 부분에 많은 기여를 한 것은 사실이다.

그러나 대부분 고열에서 주성분인 단백질과 지방을 찌는 형태의 제조 과정은 제조 후 산성화가 진행되기 때문에 유통과정과 보관에 많은 기술이 들어간다.

2019년 5월 충남대학교 농업과학연구소에서 시판 중인 반려동물 사료 24종을 수거하여 합성보존료 검사를 실시하였다.

조사대상 24개 반려동물 사료 중 21종에서 대표적인 합성보존료 소르빈산(sorbic acid) 검출, 11종에서는 BHA(Butylhydroxy anisole, 부틸히드록시아니솔) 검출, 6종에서는 에톡시퀸(Ethoxyquin)이 검출되었다. 이 성분들은 식품의 부패를 방지하는 산화방지제로 쓰인다.

특히 BHA의 경우 2019년 11월 25일 개정고시하고 식품의약품안전처는 어린이 식품첨가물 규정 건강식품 기준 및 규격 일부를 개정하고 어린이가 섭취할 용도로 제조하는 건강기능 식품에 첨가를 금지하였다.

BHA는 1983년 WHO(세계보건기구) 발암위험물질도 발표되었으며, 시중에서 판매되고 있는 반려동물 사료 제품 중 일부는 첨가물의 표기조차 되어 있지 않다.

위 검출 성분들은 제조사가 기준치 이하에서 안전하게 제조되고 있다고 한다.

아무리 기준치 이하일지라도 만약 우리 집 강아지가 이런 첨가물이 있는 사료를 10년 이상 매일 먹는다면 생각을 좀 해보아야겠다. 검출된 이 물질들은 논쟁의 소지가 많으나 좋은 것은 아니라고 생각한다. 가공된 사료의 보관에 따른 보존 방식을 합성보존료(산화방지제) 사용 유무를 떠나 반려견들이 평생 한 가지의 가공식품을 먹고 산다면 그 또한 건강에 바람직하지 않다.

5) 사료의 곤충 테스트

먼저 이 테스트는 사료의 유해성을 부각하거나 음해하려 함이 아니라 좀 더 건강한 반려견 먹거리에 대한 노력임을 밝힌다.

이러한 필자의 관심은 어릴 적 시골에서 자란 경험에서 영향을 받았다. 국민학교(지금의 초등학교) 수업을 마치고 집에 돌아오면 소 먹이를 구하기 위해 소를 이끌고 강가의 들판이나 산을 향했다. 도착하면 이끌던 소 줄을 뿔에다 단단히 감아 소를 풀어준다. 소의 풀 뜯는 행동을 관찰해 보면 소는 산나물 중 하나인 고사리는 뜯지 않는다. 우리가 생고사리를 뜨거운 물에 데치는 것은 소량의 독성을 제거하기 위함인데 소는 그것을 누군가 알려주지 않아도 본능적으로 알고 있다. 또 어느 때는 산에 특정한 곳의 흙을 파서 먹는 것을 보고 확인해 보니 짠맛이 나는 것을 알았다.

이러한 동물 관찰 습관은 자연스럽게 애견훈련사로서의 실험 습관으로 이어졌고 애견훈련사로 성장하는 데 많은 도움이 되었다.

사진은 남아 있지 않으나 대략 1998년쯤으로 기억한다. 당시 수입산 사료는 비싸기도 하고 막연히 품질 높은 사료로 인식하던 때였다. 그리하여 환경과 먹이 변화에 가장 예민한 곤충을 대상으로 실험해 보았다.

하루는 A사 수입 사료를 한 주먹 가지고 개미들이 지나가는 길목에 뿌려 보았다.

그러나 개미들은 관심을 보이지 않았다.

곤충의 사체를 좋아하는 개미들이 동물성 먹이인 사료는 더듬어만 볼 뿐 가져가지 않았다.

오랜 시간이 흐른 후 필자가 좀 더 정확하고 객관적인 자료 수집을 위해 두 차례에 걸쳐 개미를 대상으로 사료 테스트를 실시하였다.

국내 사료 업체 2곳과 외국 업체 4곳의 각각 샘플을 만들고 2020년 3월 30일 월요일 오후 3시 30분(일기 맑음) 경기 광명시 노온사동 애기능 저수지 근처 개미집 주위에서 1차 테스트를 시행했다. 2차 테스트는 지역을 상이하게 하여 충청북도 단양군 영춘면에서 2020년 4월 6일 월요일 오후 1시(일기 맑음) 실시하였다.

1차 테스트에는 종이컵 밑단을 잘라 그 위에 6개의 국내 및 수입 사료 샘플을 20개씩 올려놓고 개미집 구멍 주위에 배치했다. 그럼에도 개미는 간간히 탐색만 할 뿐 가져가지 않았다.

❖ 4-8 광명시 1차 테스트 사료 샘플

❖ 4-9 개미집 주위에 사료 샘플 배치

❖ 4-10 개미들이 탐색만 하는 모습

  1차 테스트에서 국내 및 수입 사료의 샘플을 개미들이 단 한 개도 가져가지 않았다.

  2차 테스트는 150km 이상 떨어진 거리의 충북 단양에서 실시했고 1차와 마찬가지로 국내 2개 업체, 외국 4개 업체를 대상으로 테스트를 실시했다. 각 접시당 사료의 개수는 5개로 동일하게 했으며 최종 테스트 시간은 1시간으로 진행했다.

❖ 4-11 충북 단양 2차 테스트 사료 샘플

❣ 4-12 2차 사료를 2개째 끌고 가는 개미

2차 테스트에서는 총 1시간 동안 국내, 수입 사료 총 30개 중 단 2개를 개미가 가져갔다.

2차 테스트 지역의 개미집은 도로 경계석 위에 위치하고 있었고 그 위에서 사료 테스트를 실시하면서 동시에 개미 신체 크기로 보면 60층, 70층 높이의 도로 경계석 아래에 필자가 뿌려둔 빵가루를 사료가 놓인 위치보다 가져가기가 힘듦에도 불구하고 사료보다 그 빵가루를 가져가는 개미들을 목격할 수 있었다.

❣ 4-13 직각의 도로 경계석 아래에 있는 빵가루를 물고 위로 올라가는 개미들

1차, 2차 국내 2개 업체, 외국 4개 업체 사료 테스트 결과 외국의 C 업체 1곳의 사료 2개(낱개)만 가져가는 것으로 끝이 났다.
　예민한 감각기관을 가진 곤충을 대상으로 한 실험에서 먹이로 선호하지 않는다는 것을 확인하였다.

　제3차 테스트는 2020년 7월 12일 오전 10시 일기 맑음, 장소는 경기 광명시 필자의 애견훈련소 출입로에서 돼지고기를 갈아서 사료와 섞은 다음 참새들을 대상으로 실험을 진행해 보았다.

🐾 4-14 돼지고기와 사료를 섞어 실험 준비

　이 실험은 가까이 접근하기에는 예민한 성격인 참새를 대상으로 해야 하기 때문에 기도비닉이 중요했고 또한 과연 개미들과는 다르게 참새들은 어떻게 반응할지 궁금했다.

참새들이 오지 않으면 어떻게 해야 하나 하는 걱정과 함께 진행을 하였다.

그뿐만 아니라 행동을 자료화하기 위해서는 사진을 찍어야 하는데 그 또한 어려운 일이었다.

그래서 장소를 물색하면서 근접 촬영이 가능한 곳을 찾은 것이 필자의 사무실이다. 창문 너머로 몰래 촬영을 하면 가능하겠다는 생각에 위치를 조정하고 촬영에 들어갔다.

그리고 난 후 약 20분 정도 후에 참새들이 날아와 먹이를 먹기 시작했다.

❖ 4-15 먹이를 먹는 참새 　　　　❖ 4-16 사료를 오른쪽으로 골라내는 참새

❖ 4-17 참새들이 먹고 남긴 잔반

참새들은 대부분 고기 위주로 먹었으며 사료를 선호하지 않았다.
실험은 약 1시간가량 소요되었고 더 이상 새들이 오지 않아 종료하였다.

필자가 3차에 걸쳐 곤충과 새를 교차하여 실험한 것은 좀 더 객관화된 자료를 만들고 싶었고 사람 또는 개보다 훨씬 뛰어난 감각기관을 가진 곤충 및 동물을 대상으로 실험을 하고 싶었기 때문이다.

Instant는 '즉석'이라는 영어 단어이다.
음식에서 이 말은 즉석에서 간편하게 조리하거나 바로 먹을 수 있는 식품을 말할 때 사용한다.
그렇다 하여 무조건 나쁘다는 것을 말하는 것은 아니다.
곤충 테스트를 통해 알 수 있는 것은, 주성분의 문제라기보다 적정 범위

내라고는 하지만 화학 첨가물에 예민한 반응이라는 것이다. 개들의 수명이 15년 전후라 했을 때 평생 섭취에 따른 부담은 없을까 고민해 보아야 한다.

그리고 인터넷과 서적을 찾아보면 미국의 학회 발표 사례와 책들에서 사료의 다양한 자료를 접할 수 있다.

15년 전후의 수명을 가진 우리 반려견에게 평생을 사료만 먹어라 하기에는 인간편의주의적 생각이다.

나날이 사료의 질과 제조 방식은 발전하고 있다.

그리고 나아져야 한다.

그러나 우리는 맛집을 찾아다니고 계절마다 다른 식재료와 매일 먹는 음식도 다르게 선택을 하고 있는데 우리 반려견에게는 하나만을 먹어라 강요한다면 그것은 아닌 것 같다.

반려견 가족 중에는 여러 이유로 인하여 사료만을 급여하는 가정 또한 많을 것이다. 꼭 사료를 먹일 수밖에 없는 상황이라면 좀 더 건강한 재료로 구성되어 있고 뛰어난 제조 기술로 만들어진 사료 제품을 찾는 노력을 해야 한다. 육류와 채소를 함께 섞어 혼식하는 것 또한 한 방법이므로 반려견의 소화기관이 다양한 미생물 정보를 지속적으로 접촉할 수 있도록 하여 장(腸) 건강을 보살펴 건강한 급식이 되도록 해야겠다.

6 자연식의 중요성

건강한 강아지의 출발은 먹이에서부터 시작된다.

인간의 경우 신장(체고)과 장의 길이 비율이 1:7이고, 개의 경우 신장(체고)과 장의 비율이 1:6으로 인간보다는 짧다고 확인할 수 있다.

인간은 육류, 생선류, 채소, 과일을 비롯한 야생 초(草), 근(根)에 이르기까지 다양한 잡식성 습관을 가지고 있다.

인간과 개를 신장(체고) 대비 장의 비율 계산으로만 보자면 개 또한 잡식성 동물이라고 말할 수 있다. 전문가를 비롯한 많은 사람들이 그렇게 이해하고 있다.

그러나 필자가 오랜 경험과 관찰로 습득한 지식의 결론은 개라는 동물은 육식을 기본으로 한 잡식성 동물, 즉 육식성 잡식동물이라는 것이다.

그러면 그 이유를 살펴보자.

개가 인간과 비슷한 길이이지만 짧은 장(腸, 창자)을 가졌다 하여 일반적인 잡식성 동물로 인식하면 안 되는 것이 첫째, 위장(胃腸)의 위산(胃酸)은 인간의 경우 pH 2~3, 개의 경우 pH 1~2 정도의 산성을 가지고 있다고 한다.

개의 위산이 인간보다 강한 것은 다양한 곳에서 확인할 수 있다.

개는 길거리나 공원에 산책을 나가면 끊임없이 냄새를 맡고 때에 따라서는 땅에 떨어진 이물질을 주워 먹기까지 한다.

그럼에도 대부분의 개들이 장염에 걸리지 않는 것은 강한 위산을 가지고 있기 때문이다.

아프리카 밀림의 청소부 하이에나의 경우 부패한 고기뿐만 아니라 동물의 뼈를 삼키더라도 소화할 수 있는 강한 위산을 가지고 있다고 한다. 외부 환경에 단련된 유기견 또한 쓰레기 더미를 뒤지며 먹이활동을 하지만 장염에 걸리지 않는다.

우리가 반려견과 외출하면 반려견은 코와 입을 땅바닥에 계속해서 접촉하여 탐색하는 본능적 습관을 가지고 있다. 만약에 사람이 이렇게 길거리에서 개와 같은 냄새 맡기를 하여 다닌다면 아마 대부분의 사람들이 장염에 감염될 것이다.

개의 강한 위산(胃酸)은 살균 능력과 음식물을 분해하는 능력을 가지고 있다.

그중에서도 위산은 소화효소와 함께 단백질의 소화를 돕는 데 중요한 역할을 한다.

둘째, 개가 육식 위주의 동물인 것은 이빨의 구조를 보면 이해할 수 있다.

개는 4개의 송곳니를 비롯하여 42개의 이빨을 가지고 있다.

송곳니는 생존의 매우 중요한 도구이다.

첫째는 자기를 방어하기 위한 수단이며, 둘째는 사냥을 위한 도구로 사냥물의 피부를 깊숙이 물고 흔들어 대동맥을 파열시켜 과다 출혈로 죽게 하는 무기이다.

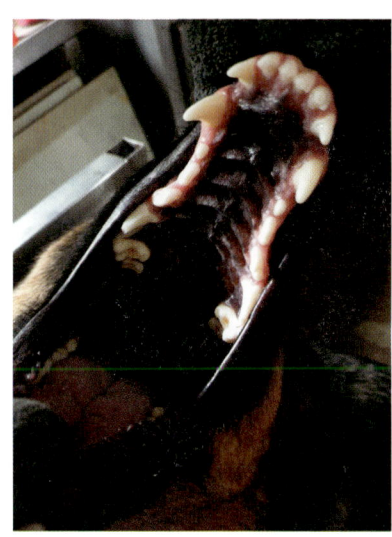

❋ 4-18 독일 세퍼트의 이빨 구조 사진

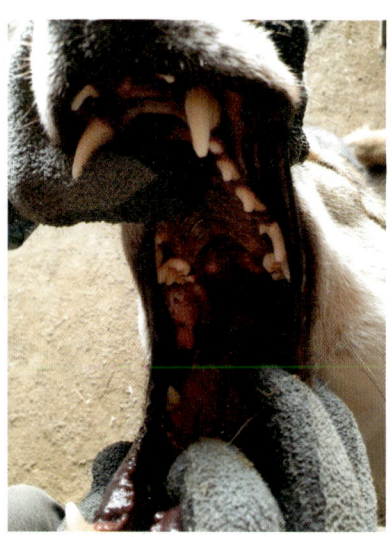

❋ 4-19 울프독의 이빨 구조

4. 먹이는 힘이다

사진 4-18의 독일 세퍼트와 사진 4-19의 체코에서 직수입한 울프독의 이빨 구조가 같은 모양새인 것을 알 수 있다.

1859년 《종(種)의 기원(The Origin of Species)》으로 유명한 영국의 생물학자 찰스 다윈의 진화론에서는 유전적 변화 또는 돌연변이에 의해 새로운 종으로 진화한다고 했다.

모든 동물은 특정 신체 부위의 기능적 특성이 활용되지 않으면 오랜 세월 후손에 후손을 거치면서 서서히 그 기능과 모양이 퇴화되어 간다.

그러나 사진 4-18과 4-19에서의 개 이빨의 기능적 특성은 변화가 없다. 개가 가축화되기 시작한 것이 짧게는 약 9,000년 전 길게는 약 1억 4,000년 전이라고 한다.

그때의 개와 오늘날 개의 이빨 구조에 큰 변화가 없다는 것은 서식 환경의 변화에도 불구하고 오늘날에도 그 기능적 특성이 그대로 유지되고 있다는 것이다.

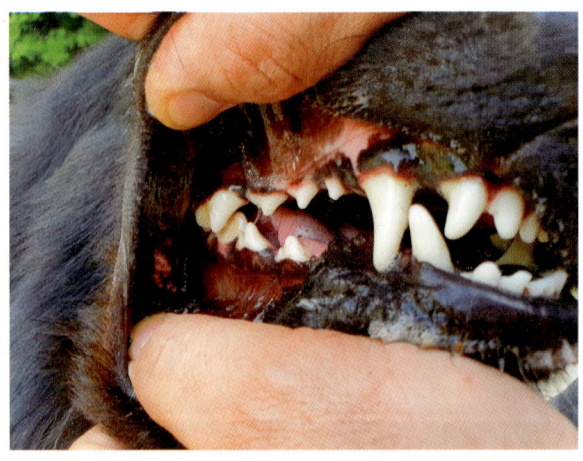

❖ 4-20 대구치(어금니)의 씹는 모습

사진 4-20의 대구치(어금니)는 씹을 때 윗니는 바깥쪽으로 아랫니는 안쪽으로 서로 교차하면서 육류를 자르듯 끊어 내는 역할을 한다.

사진 4-21에서 보는 것과 같이 찢고 자르는 형태로 날카로운 육식동물의 이빨 구조를 확인할 수 있다.

생존을 위해 사냥이 어려우면 다양한 동식물에서 영양공급원을 찾는 것일 뿐 일반적 잡식동물인 인간과 같은 구조로 이해하는 것은 맞지 않다.

❋ 4-21 육식에 적합한 날카로운 이빨

서양 속담에 토마토가 빨갛게 익어 가면 의사의 얼굴은 파래진다는 말이 있듯이, 우리의 반려견에게 고기와 채소 등 다양하고 신선한 재료를 이용하여 식단을 제공하는 것이 바로 건강과 장수의 밑거름이 된다.

⑦ 생식

자연식에 있어 으뜸이며 백미(白眉)는 육류의 생식이라 할 수 있다.

앞에서 설명한 것처럼 개의 이빨 구조와 소화능력은 육류를 주식으로 하는 기능적 특성을 가지고 있다.

개의 장(腸)의 길이가 인간과 비슷하게 짧다 해서 단순 잡식성 동물로 보면 안 된다. 개는 달리는 동물이며 사냥을 하여 살아가는 신체 구조를 가지고 있다.

빠른 소화흡수와 함께 노폐물(대변)을 빨리 밖으로 배출함으로써 몸을 가볍게 하여 위협적인 적에게서 신속히 이탈(도망)을, 생존을 위한 사냥에서는 빨리 달리기 위해 최적의 몸 상태를 유지하기 위한 생존진화적 신체 구조인 것이다.

그뿐만이 아니고 대부분의 사료 회사의 사료 포장지 뒷면을 보면 특별한 기능식(처방식) 사료를 제외한 일반 사료의 성분 표를 찾아볼 수 있다. 주성분이 단백질과 지방으로 구성되어 있으며 단백질의 경우 약 25~30%, 지방의 경우 약 15% 내외로 대부분을 차지하고 있다.

이것만 보더라도 개는 육식을 기반으로 한 동물임을 확인할 수 있다.

필자는 아주 오래전부터 생식의 긍정적 효과를 경험하고 애견훈련소의 모든 개들을 육류 및 혼식으로 급식을 해오고 있다.

실제 생식을 해 보면 소화흡수율이 높다.

그럼으로써 모질이 윤이 나고 건강한 상태를 보여준다.

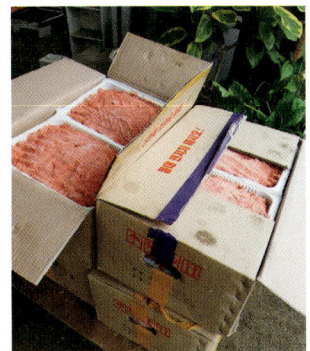 

✿ 4-22 포라우스 독일 애견훈련소에 매주 입고되는 고기

사람이나 반려견이나 영양 상태를 눈으로 직접 확인할 수 있는 것 중 하나가 모질 상태이다.

필자가 독일에서 공부하던 시절 서유럽 선진국들의 반려견 급식에서 자연식과 생식이 많이 발달되어 있었다.

Karlsruhe 지역의 40년 경력의 교육 담당 책임관이며 필자의 스승인 Will W.S 또한 사료가 아닌 생식의 중요성을 강조하였다.

사료 위주로 급식하였더니 노령견이 되고 난 후 소화에 어려움을 겪거나 구토를 자주 하는 개들이 증가하더라는 것이다.

개들이 사료를 먹기 시작한 것이 100년도 되지 않았고, 영양학적 성분은 충족되었지만 가공식품이자 여러 첨가물과 가루를 응집시킨 알갱이인 사료는 위장의 소화능력과 운동을 떨어뜨리는 역할을 할 수도 있다.

즉 먹이 활동에 있어 뜯고 자르고 하는 이빨의 역할과 주둥이 주위의 근육 및 눈꼬리 끝부분의 관자놀이 근육까지 활성화시켜 뇌 근육에도 긍정적 자극을 주게 된다.

그뿐만 아니라 자연식의 거친 식사는 위장(胃腸) 운동을 왕성하게 하고 건강한 소화능력을 돕는다. 이러한 식습관은 노령견이 된 이후에도 건강한 소화기관이 유지되도록 긍정적인 영향을 미친다.

❋ 4-23 신선한 살코기 생식

　개의 날카로운 이빨 그리고 고기를 분해하기 알맞은 위액의 산성도는 육류 섭취의 최적의 조건을 구비하고 있다.
　반려견에게 다양한 형태의 육류 및 식품을 급식하여 위장을 단련하고 건강한 소화 기관을 갖추도록 보살펴야겠다.
　오스트레일리아의 이안 빌링허스트(Ian Billinghurst) 박사는 실험을 통해 Bones And Raw Food, 개와 고양이에게 뼈가 포함된 날고기 급식의 유효성을 입증하였고, 그는 인공화합물을 첨가하지 않은 실제 날고기 제품을 세상에 내놓았다.

⑧ 생식 방법

생후 2~3개월생 때부터 실시해도 무방하다.
이때는 살코기 위주의 연한 고기를 통해 씹는 연습을 진행한다.

또는 돼지비계나 소가죽, 돼지 껍질 등을 강아지 스스로 잘게 잘라 씹는 연습이 필요하다.

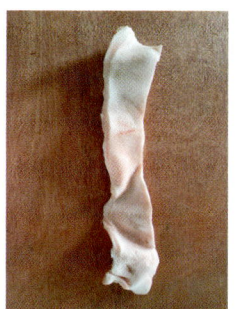

❋ 4-24 돼지 껍데기

하지만 소형견에게는 뼈 있는 음식은 조심할 필요가 있는데, 특히 가금류인 닭과 오리고기의 뼈는 삼가는 것이 좋을 듯하다.

소형견은 위장이 작기 때문에 주의가 필요하고 닭과 오리는 조리를 위해 가열하게 되면 뼈가 더 단단해지고 씹으면 뼈가 으스러질 때 뾰족하게 날이 서기 때문에 잘못 섭취하면 위장에 상처를 입히고 출혈을 일으킬 수 있다. 닭과 오리는 뼈가 함께 있는 상태에서는 끓이거나 익히지 않고 날것으로만 주의해서 먹인다.

❋ 4-25 소형견을 위한 뼈 없는 건조 고기 1

❋ 4-26 소형견을 위한 뼈 없는 건조 고기 2

강아지에게 돼지 껍질 또는 개껌으로 씹는 연습을 하는 것은 급한 욕심에 뼈 있는 고기나 살코기 덩어리를 한 번에 삼키는 위험한 행동을 하지 못하게 교육하기 위함이며 1~2주 정도만 하게 되더라도 쉽게 배울 수 있다.

그다음 단계는 돼지 등뼈, 소 또는 돼지 우둔살(엉덩이), 생닭으로 본격적인 생식에 들어간다.

처음 생식할 때 고기는 어른 주먹 크기 정도로 잘라 급식한다.

필자가 교육견에게 생식하는 것을 알고 본인 견의 면회 때 뼈 있는 고기를 먹기 좋게 잘게 잘라 훈련소에 가져오시는 분들이 있다. 이것은 위험한 행동이다.

수의사들이 생식하면 기도나 위장에 음식물(뼈)이 걸려 위험할 수 있다고 하는 것이 바로 이런 사례인 것이다.

주먹 크기 이상이 되면 개는 한 번에 삼킬 수가 없다.

그렇게 되면 개들은 어금니를 이용해서 조금씩 잘라 먹게 된다.

❀ 4-27 돼지 등뼈

❀ 4-28 건조한 고기

❀ 4-29 생닭

생식은 조금만 연습하면 큰 무리 없이 급식할 수 있기 때문에 살코기 덩어리 또는 돼지비계 덩어리 등을 활용하여 작게 잘라 먹는 연습을 해나가면 얼마 지나지 않아 뼈 있는 고기까지 섭취할 수 있다.

❈ 4-30 돼지 등뼈를 앞발로 잡고 먹는 모습

❈ 4-31 우족뼈를 먹는 모습

이렇게 개에게 크게 덩어리 고기로 잘라주면 삼키려 해도 삼킬 수가 없고, 급하게 먹을 수도 없다.

옆에서 관찰해 보면 누가 알려주지 않아도 어금니로 잘게 자르려는 노력을 해가면서 조금씩 섭취하게 된다.

뼈에 고기가 붙어 있는 고기를 급식하게 되면,

첫째, 많이 씹어야 하기 때문에 뇌 근육이 자극을 받게 되고 뇌 근육의 발달은 노령견의 치매 예방에도 효과가 있다.

둘째, 단단한 음식을 강아지 때부터 먹으면 이빨이 유치(강아지 이빨)에서 영구치(성견 이빨)로 바뀌는 전환 시기에 자극을 많이 줌으로써 튼튼한 영구치가 자리 잡게 도와준다.

특히 송곳니의 덧니가 생기는 경우가 있는데 그것은 유치가 빠져야 할 시기에 빠지지 않고 영구치가 자라면서 2개의 이빨이 겹치는 것을 말한다.

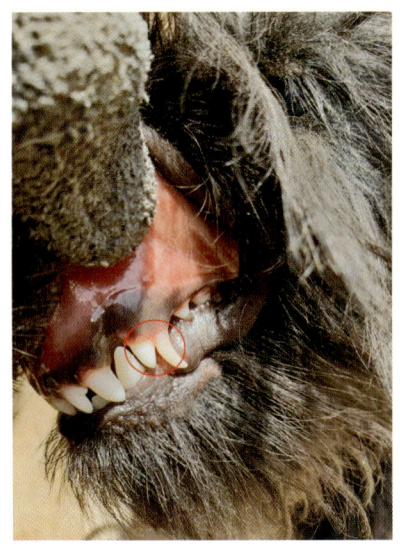

❈ 4-32 송곳니의 유치와 영구치가 겹쳐진 덧니

딱딱한 음식을 많이 오래 씹으면 스트레스 이완에도 도움이 되지만 유치(강아지 이빨)의 탈락을 돕기 때문에 덧니가 될 수 있는 확률을 현저히 낮출 수 있다.

반려견의 간식을 금지해야 한다.

'사자는 함부로 사냥하지 않는다. 또는 사자는 배가 고플 때만 사냥한다' 라는 표현은 우리가 사람의 과도한 욕심을 경계할 때 빗대어 사용하곤 한다.

횡으로 누워 있는 척추동물이며 먹이 획득 방식이 사냥을 해야 하는 사자, 늑대 그리고 사냥개 또는 일반적인 개들은 사력을 다해서 달려가 목표물을 포획해야 한다. 이 때문에 빠른 시간 내에 음식물이 소화흡수가 되어야 하며, 사냥 전 몸을 가볍게 하여 몸을 민첩한 상태로 만들어 사냥 성공 확률을 높여야 한다. 이를 위해 일정한 먹이 섭취시간 이후에는 추가로 먹지 않으며 먼저 섭취한 음식물의 소화흡수 및 충분한 휴식으로 자기 관리를 한다.

사냥을 하지 않는 반려견 또한 신체적 구조가 늑대나 사냥견과 같기 때문에 급식 후 추가적으로 간식을 지급한다면 비만견이 될 우려가 크고, 이러한 간식 섭취는 위액을 묽게 만들고 위산 분비를 방해할 수도 있다.

간식을 원래 먹지 않던 동물에게 사람의 식습관을 대입하는 것은 개의 습성과 소화기관을 교란하는 행위이다.

우리나라의 경우 불과 몇십 년 전까지 친자연적 환경과 자연식 먹이를 섭취하였다.

오늘날 우리 반려견에게 인스턴트 사료 및 간식을 꾸준히 급여하는 것은 다양한 병의 근원이 될 수도 있음을 상기하여, 간식을 배제하고 규정 급식 시간 이외에 추가적인 음식물 섭취는 자제하고 반려견을 가볍게 키우도록 노력해야겠다.

사람이나 동물이나 몸이 무거워지는 것은 병(病)이 기꺼이 다가오고 있다는 신호이다.

변 사부의 QnA

Q. 탱자 견주: 1년생 암컷 진돗개를 키우는 견주입니다.
생식이 좋다고 해도 설사를 해서 고기를 주지 못합니다.
왜 그런가요?

A. 변 사부: 처음 생고기를 주면 설사를 하거나 변이 무르게 나오는 개들이 있습니다.
특히 사료 위주의 급식을 계속하다가 새로운 음식을 급식하면 변이 무르게 나올 수 있습니다. 이때는 다른 사료나 생고기의 양은 아주 적게 급식하다가 조금씩 늘려 나가면 적응해 나갑니다.
위장이 다양한 음식 및 미생물의 정보에 노출되어 보지 못한 개들이 이런 경우가 많습니다.
개들에게 신선한 먹거리의 새로운 음식은 조금씩 그리고 점차 늘려 나가며 급식하면 큰 문제는 발생하지 않습니다.

Q. 에리 견주(세퍼트 견주): 생식을 하면 사나워진다, 피 맛을 보면 사나워진다는 말을 듣고 혹시나 우리 개도 공격적인 개가 될까 봐 무서워서 못 주고 있는데, 이 말이 진짜인가요?

A. 변 사부: 그렇지 않습니다.
생식을 해서 사나워지는 것이 아니라, 개의 폭력적 본성이 강한 개체이거나 스트레스 등 외부환경 및 관리 문제 등으로 문제견이 될 수 있습니다.

생식이 문제라면 반대로 사료만을 먹는 개들은 순한 양이어야 겠죠.

필자가 운영하는 애견훈련소에는 무는 개들이 종종 입소를 합니다. 그 개들 모두 매일 생고기를 추가하여 급식합니다. 그렇지만 올바르게 교육받고 졸업하는데 생식이 문제되지는 않습니다.

Q. 두부 견주(프렌치 불독): 자연식은 육류 생식만을 하나요?

A. 변 사부: 그렇지 않습니다.

물론 개의 구강 구조와 위장 기능이 육식에 적합하도록 되어 있습니다만, 자극적인 양파, 마늘 또는 가공된 초콜릿을 비롯하여 과도한 염분, 매운 것을 제외하고 특히 브로콜리나 양배추, 당근 등을 썰어서 고기와 함께 주면 좋습니다.

그리고 개의 경우 비타민 C를 체내에서 자가 생성하기 때문에 따로 먹일 필요는 없습니다.

Q. 밍키 견주: 변 사부님! 간식 주는 것을 자제하라고 하시는데 그래도 가족 입장에서는 좀 주고 싶어요. 방법이 없을까요?

A. 변 사부: 네, 이해가 가는 대목입니다.

귀여운 강아지를 보면 뭔가 하나라도 챙겨주고 싶죠. 하지만 말씀드린 것처럼 간식은 주지 않는 것이 바람직합니다.

그렇지만 다른 방법을 활용해볼 수 있습니다.

매 식사 시간에 주어지는 급식을 요일을 나누어 식사 시간에 기존의 급식 대신 여러 가지 간식을 섞어 급식하는 것입니다. 반려견에게는 다양한 먹거리를 제공하고 다른 한편으로는 비만견이 되지 않도록 예방할 수도 있기 때문입니다.

9장 건강을 튼튼히 합시다

 개들이 산책이나 외부활동을 할 때 끊임없이 코로 사물이나 땅의 냄새를 맡고 파악하려고 한다. 때로는 입을 이용해서 물어뜯거나 삼키는 등 다양한 사물에 반응하는 첫 번째 기관이 코와 입이다.
 이때 유입되는 다양한 미생물을 비롯하여 부패된 음식물이나 사물의 세균 등 다양한 외부 항원(나쁜 세균)이 몸속으로 들어오게 된다. 건강한 체력과 면역력을 갖추지 못하면 각종 장염에 감염될 수도 있고 때론 위독한 경우가 발생할 수 있으니 주의해야 한다.
 그와 함께 강아지 때 백신 접종에 소홀함이 없도록 해야겠다.
 그리고 또 한 가지가 더 있다. 바로 유산균제의 섭취이다.

(1) 유산균

강아지 때 생후 2~6개월 사이에 특히 위장이 약해 잦은 설사를 하거나 무른 변을 보는 강아지를 종종 볼 수 있다. 이렇게 되면 영양성분을 제대로 흡수할 수가 없기 때문에 신체적 성장에도 바람직하지 않다. 장(腸)을 개선하기 위해 노력을 해야 한다. 소장과 대장에서 영양분과 수분을 흡수하는 역할을 하지만 장의 중요한 역할 중 하나가 면역세포의 활동공간이다.

면역세포의 많은 수가 장에서 생활한다. 그렇기에 장내 총 균 수에서 건강하고 활력 있는 유익균의 분포도를 균형 있게 확보하고 있어야 한다.

이러한 것을 도와줄 수 있는 것이 프로바이오틱스(유산균제)의 섭취이다. 프로바이오틱스를 섭취하면 면역세포의 활성화와 소화흡수율을 상승시키고 배변 후 배설물의 악취도 덜 나게 된다.

(2) 프리바이오틱스

장내 유익균들이 스스로 증가할 수 있도록 돕는 먹이 역할을 하며, 대표적으로 식이섬유와 올리고당을 들 수 있다.

프리바이오틱스는 유익균의 증식도 돕지만 비만세균(퍼뮤키티스균)을 억제하는 데도 도움이 된다.

프로바이오틱스 + 프리바이오틱스 = 건강한 반려견

반려견의 치료 시 항생제 오남용이나 사료 간식 제품의 화학첨가물 섭취, 스트레스는 유해균이 늘어나는 원인이 될 수도 있다.

사람 못지않게 반려견도 건강하게 오래 장수하기 위해서는 장 건강이 무엇보다 중요하다.

면역성 강화와 장 건강을 위해 프로바이오틱스와 프리바이오틱스를 정기적으로 섭취하도록 하자.

필자가 운영하는 애견훈련소에서 3년간 실험해 본 결과 훈련견들의 먹이의 소화흡수율이 높고 배설물의 냄새가 적으며 건강에 많은 도움이 되는 것을 직접 체험하였기에 권장한다.

요즘 유산균제는 일반 제품뿐만 아니라 반려견 전용 제품도 출시되고 있기 때문에 강아지 때부터 건강에 많은 도움이 될 것이다.

변 사부의 한마디

개의 위(胃)에는 강력한 위산이 분비되기 때문에 체내 유입된 세균의 대부분은 위산에 의해 사멸하게 된다. 그러나 90% 이상은 사멸되지만 10% 이하에서 소장과 대장으로 유입될 수 있다는 것이다. 그렇기 때문에 평상시 건강한 위장기관의 관리가 필요하다.

늑대는 사냥물을 획득 후 먹고 남은 것은 땅속에 묻어 숨기고 하루나 이틀 후 다시 은닉한 위치로 찾아와 사냥물을 먹게 된다. 육류는 땅속에 묻어 두면 미생물에 의해 시간의 흐름에 따라 부패하게 된다. 그러나 늑대는 그것을 섭취한다 하더라도 대부분 장염에 걸리지 않는다.

 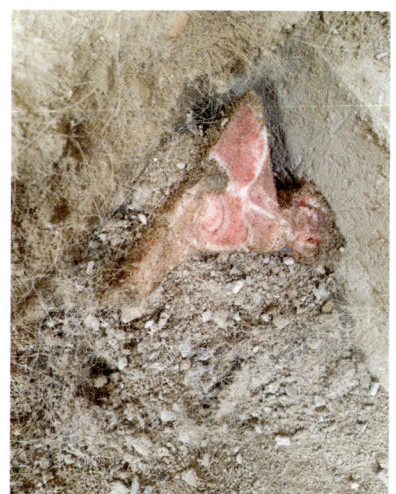

❋ 4-33 훈련견이 땅속에 숨겨 둔 고기 1   ❋ 4-34 훈련견이 땅속에 숨겨 둔 고기 2

　일반 가정에서도 위와 같은 행동을 하는 개들이 있다. 먹다 남은 고기를 숨기려 하는 행동을 본능적으로 하는 것이다. 실제 필자의 애견훈련소에서는 자주 보는 행동이며 평상시 위장을 튼튼히 하는 식습관을 만들어주면 오염된 고기나 세균이 체내 유입되더라도 쉽게 감염되지 않는다.

　길거리를 배회하는 유기견이 쓰레기통을 뒤져 상한 음식물을 섭취함에도 거리를 활보하는 것은 바람직하지 않지만 생존을 위해 다양한 음식물을 섭취하여 위장이 단련되었기 때문에 장염에 잘 걸리지 않는다.

　우리 반려견이 먹는 음식은 여러 가지를 먹인다 하더라도 그 수가 제한 적이며 방식에도 한계가 있는 것이 사실이다.

　그러므로 유산균제를 꾸준히 섭취하도록 하여 장 건강을 도모해야겠다.

　그리고 유산균제는 개의 위산이 강하기 때문에 일반 제품이 아닌 이중 또는 삼중으로 코팅된 제품을 급여함으로써 장까지 도달하는 데 손실이 적은 기능성 제품을 선택해야겠다.

5
목줄 착용의 정확한 이해

① 목줄의 종류

어떠한 목줄을 착용하느냐에 따라 반려견의 행동변화가 달라진다.

목줄이란 개의 목 부분에 착용하는 줄로써 고대 때부터 소유자 확인을 위한 인식표의 기능과 작업이나 경계임무를 수행할 때 위치 이탈을 방지하는 목적으로 사용하였다.

목줄 사용의 최고 연대기를 살펴보면 독일 막스 플랑크 인간 역사 과학 연구소에서 발견한 사우디아라비아 사막에서 약 9,000년 전 인간과 개의 사냥 암벽화에 목줄이 착용된 사냥견 그림이 발견되었다.

아주 오래전 과거에서부터 오늘날에 이르기까지 개들은 적절한 통제와 관리가 필요하다.

❖ 5-1 사우디아라비아 슈와이미스 유적지에서 발견된 암각화(9,000년 전 사냥꾼과 사냥개)

목줄은 크게 두 가지로 나눌 수 있는데, 첫 번째는 기본형(밴드형) 목줄이다. 우리말로는 목테, 목사리라고 부른다.

❋ 5-2 기본형 목줄을 착용한 모습   ❋ 5-3 가슴줄을 착용한 모습

  두 번째는 요즘 많이들 반려견에게 착용시키는 가슴줄(Harness, 하네스)로 목이 아닌 앞다리와 견갑골을 감싸듯 착용하는 줄이다.

  유럽에서는 중세시대 때 대형견을 작은 수레 운반용으로 가슴줄을 사용하였고, 북극의 에스키모인들은 이동 교통수단으로 썰매를 끄는 개들에게 착용시켰다.

  세계 2차 대전 전후부터는 경찰견, 수색견 등 작전 임무에 편리성과 효율성을 극대화하기 위해 착용했으며, 시각 장애인을 위한 도우미견의 임무 수행 시에 착용을 하고 있다.

② 가슴줄을 착용하지 마세요

  많은 가정에서 반려견과 산책을 나갈 때 너무 달려 나가다 보니 기본형 목줄이 목을 조여 '켁켁' 소리와 함께 힘들어하는 경우가 많다.

그리하여 대안을 찾은 것이 가슴줄(Harness, 하네스)이다.

일부 소수의 업계 종사자들이 가슴줄을 이용하여 산책하면 줄 당김 현상이 사라진다고 하는데 이것은 사실과 차이가 있다. 기본형 목줄을 착용하고 반려견과 산책을 나가는 첫 출발점에서 10분 전후의 시간에 개들이 가장 많이 흥분하게 된다.

이 시간이 지나고 나면 서서히 흥분한 감정과 에너지 소비에 따른 줄 당김은 서서히 약해지거나 없어지게 된다.

가슴줄을 착용하면 개들의 몸은 훨씬 자유로워진다.

그러나 가슴줄 자체가 줄 당김을 해소하는 것이 아니라 이동 중에 호기심을 불러일으키는 나무나 흙, 풀 등을 포함하여 다른 동물의 냄새를 맡기 시작하면서 당기지 않는 것처럼 보일 뿐이다.

기본형(밴드형 목줄) 목줄과 마찬가지로 시간이 경과하면서 여러 조건에 의해 서서히 당김 현상이 완화된다.

가슴줄은 '자기 주도형 목줄'이다.

'자기 주도형 목줄이다'라는 것은 개가 스스로 판단하고 행동하는 것으로 장기간 교육을 받고 수료한 특수목적견들이 사용하거나 교통이나 운반의 목적으로 사용을 한다.

교육을 수료한 개들은 대체적으로 후각 작업을 진행해야 하는 군견, 경찰견 그리고 시각 장애인 도우미견들이 임무를 수행함에 있어 최대한 집중할 수 있도록 배려하는 형태로 가슴줄을 사용하고 있다. 이렇게 하는 것은 기본형 목줄을 사용했을 때 임무 중 또는 교육 중에 핸들러의 리드줄에 의해 목줄 당김이 임무견의 집중을 깨뜨릴 수 있기 때문에 작업의 능률을 위해 가슴줄을 이용하여 교육하는 것이다.

일반 가정견들이 가슴줄을 사용할 때는 목 디스크나 목줄 스침(쓸림)에 따른 피부염증 또는 알레르기 반응 등의 의료용으로 사용한다. 그중에서 정말 순종적이며 잘 따르는 개들은 무엇을 착용하든 큰 문제는 발생하지 않는다. 그러나 반려견들의 목줄 당김을 해결하기 위해 가슴줄을 추천하는 일부 전문가들이 있는데, 착용하는 도구를 바꾼다 하여 대부분 큰 변화도 없을 뿐 아니라 올바르지 못한 가슴줄 착용은 교육이 되지 않은 일반 개들을 자기 주도적 행동을 하게 하는 잘못된 이해와 방법을 유발할 수 있다.

산책을 나갈 때 너무 달리려고 하는 개들은 가슴줄로 편안함을 제공할 것이 아니라, 오직 달리려고 하는 그 행동을 바로잡아야 한다. 반려견이 혼자 흥분하거나 즐거움에 몰입하도록 두는 것이 아니라 함께 가는 견주와 상호 교감과 호흡이 되도록 강아지 때부터 출발 전 흥분을 가라앉히고 천천히 걷는 연습을 매일 하면 고칠 수 있다.

목에 착용하는 목줄을 다른 형태의 것으로 바꾼다 하여 행동이 개선되는 것이 아니라 교육이 문제인 것이다.

3 가슴줄의 위험성 및 기본형 목줄 착용은 필수

만약 가슴줄을 사용할 때 어려운 것 중 하나가 갑작스럽게 달려 나가거나 공격적 행동을 할 때 제어하기가 쉽지 않다는 것이다.

목이 자유로운 형태의 가슴줄은 특히 공격적 행동에는 통제가 쉽지 않고 더욱이 대형견이 가슴줄을 착용하고 위협적 행동을 한다면 사고의 발생확

률은 올라갈 것이다.

요즘 무는 개들이 정말 많아졌다.

애견훈련소에도 이런 문제로 교육 문의를 많이 하고 있다.

전체적 개 마리 수의 증가 또한 잦은 물림 사고의 원인의 이유 중 하나이지만, 무는 개들의 발생 유형은 유전적 요인과 성장 환경의 잘못된 관리와 배려의 문제로 나눌 수 있다.

이 성장 환경에 여러 가지의 문제 유형이 있겠지만,

첫 번째는 일반인의 개에 대한 기본적 지식이 부족하고 과장되거나 잘못된 정보들이 너무 많이 미디어와 인터넷에서 생산된다는 것이다.

두 번째는, 지나친 배려이다.

개는 본능이라고 하는 습성을 가지고 있고 행동에도 그러한 본능적 표현들이 많이 있다.

예절 교육과 산책훈련이 되어 있지 않은 반려견에게 견주가 기본 통제력을 갖추지 않고 신체를 자유롭게 돕는 가슴줄을 착용하는 것은, 개들에 따라서는 스스로가 행동에 주도권을 잡고 있다는 생각에 견주를 크게 의식하지 않고 견주를 무리 구성원 정도로 이해해 버리는 경우가 발생할 수 있다는 것이다.

이렇게 되면 예를 들어 견주와 함께 외출했을 때 특정 사람이나 환경에 의해 위협이나 흥분을 했을 경우에 견주의 말을 듣지 않고 거친 행동을 할 수도 있고 가정 내에서는 가족들의 행동에 느닷없이 물어버리는 경우도 생긴다는 것이다.

개들에게 있어 무는 것 또한 하나의 행동언어이다.

사람을 물어서는 절대 안 되지만 그 무는 행동에는 나름의 이유를 담고 있다.

인간을 비롯하여 많은 포유류들은 무게 중심이 머리에 있다. 그냥 서 있는 사람의 이마를 뒤로 밀치면 사람의 몸은 자동적으로 뒤로 물러난다. 개들 또한 앉아 명령어를 실행할 때 강제시키는 방법은 우리의 손바닥으로 개의 아래턱을 하늘 방향으로 치켜 세워주면 자연스럽게 앉게 되어 있다.

❖ 5-4 손바닥으로 앉아 동작을 만드는 모습

독일 막스 프랑크 연구소의 구아그닌 박사가 사우디아라비아에서 주바(Jubbah)와 슈와이믹스(shuwaymis)의 9,000년 전 암각화를 발견하였는데 그 그림에 개가 목줄로 사람과 연결된 것을 확인할 수가 있었다.

개의 목은 무게 중심인 머리의 기둥 역할을 한다.

뒷걸음을 제외한 모든 방향전환 시에는 목의 상하 또는 좌우의 움직임이 없이는 방향전환을 할 수가 없다.

이러한 신체적 특성을 이해했기에 고대 때부터 오늘날에 이르기까지 기본형 목줄이 목에 착용되는 것이다.

개의 행동을 외부적 영향으로 가학적이지 않으면서 행동을 바꾸거나 정지시키는 데 적합한 것은 목에 착용되는 목줄이다.

개의 목줄을 어떻게 하면 편하게 해줄 것인가? 라고 고민할 게 아니라, 리드줄을 당기고 앞서 나가는 자기 주도적 행동을 강아지 때부터 견주에게 집중하도록 기본형 목줄을 당기고 걷지 않게 교육과 훈련을 통해서 적응하도록 하는 것이 행동 예절과 안전 모두를 충족시킬 수 있다.

교육 없는 배려는 개들에게 자유를 주는 것이 아니라, 가족과 이웃에게 민폐가 되고, 때로는 위협하는 늑대가 되어 돌아올 수 있음을 기억해야 한다.

변 사부의 한마디

온순한 강아지들은 어떠한 목줄을 착용하더라도 문제가 되지 않는다.

온순하다는 것은 상대에게 자신을 잘 낮추고 순응하는 특징을 가지고 있다.

하지만 우리 강아지가 성장하면서 어떻게 성격이 변화할지 모른다.

그렇기 때문에 교육이 되지 않은 강아지에게 자유로움을 주는 가슴줄이 우선이 아닌 적절히 통제수단으로 사용 가능한 기본형 목줄을 권하는 것이다.

많은 개들은 성장 과정에서 자기 욕구를 표출하고자 하는 습성이 있다.

먹이를 독차지하고, 영역을 경계하고, 수컷은 암컷을 소유하려는 등 다양한 자기감정을 표현한다.

그 본질은 바로 본능이다.

그리고 개들은 원초적인 욕구에 삶이 머물러 있다.

이러한 동물을 사람과 동등하게 대우하고 보듬어주면 사람의 시각에서는 매우 동물 사랑을 실천하는 것처럼 생각하게 된다.

그러나 그것은 사람의 생각일 뿐 많은 개들이 고집스러워지고 자기표현을 강하게 하며 때로는 쉬운 존재가 될 수 있음을 알아야 한다.

교육은 기본적으로 최고의 기술은 칭찬이다.

하지만 원칙 없는 긍정은 개를 자기 위주의 독선에 빠지게 할 수도 있고 잘못된 행동을 했을 때는 야단도 듣고 부정적 영향을 개가 느끼고 깨닫게 해야 한다.

그래서 기본형인 목줄(목테나 목사리와 같은 밴드형 목줄)을 착용하고 산책할 때는 끌거나 흥분하는 즉시 움직임을 멈추고 목줄을 잡아당겨 잘못된 행동을 의식하도록 지적해야 한다.

이 기본형 목줄의 기능에 대한 이해를 제대로 한다면 다른 기능의 착용줄로 대안을 찾을 것이 아니라 그 안에 모든 답이 있음을 알게 된다.

우리 반려견을 교육할 때 쉽고 빠르고 간편한 것은 존재하지 않는다.

매일매일 교육하면 우리의 강아지들은 천천히 변화할 것이다.

애견 교육은 빠름이 아닌 꾸준히 하는 것에서 답이 나온다.

6 사물 체험 교육이란

사물 체험 교육은 통상적으로 '사회화 교육'이라고 한다.
그러나 필자는 좀 더 구체적인 이해를 위해 사물 체험 훈련이라고 정의한다.
어미 개가 임신하고 대략 63일 전후로 해서 출산을 하게 된다.
강아지의 출산은 1~2마리 출산할 때도 있지만 평균적으로 4~5마리를 낳게 된다.

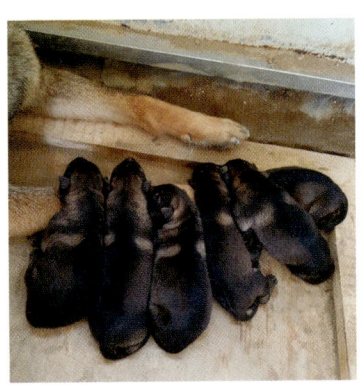

🐾 6-1 출산

강아지들은 출생 후 12일 전후로 해서 눈을 뜨게 되며 점차 시력이 밝아지면서 후각에 의지하던 과거와 달리, 청각과 시각 그리고 후각을 동시에 사용하여 그 기능의 발달과 함께 활동 영역을 넓혀 나간다.

개에게 있어 사물 체험 훈련(사회화 교육)이라고 하는 것은 5대 감각기관(시각, 청각, 후각, 미각, 촉각)을 활용하여 가까이는 주거 공간이나, 멀리는 산책 시 접하는 각종 사물 및 주거 지역 근처의 상점, 자동차, 자전거, 사람, 오토바이, 동물에 이르기까지 다양한 경험이 안정적이며 긍정적인 환경임을 체험하고 자기의 생활 영역으로 개념화하는 절차적 학습단계를 말한다.

1 사물 체험 교육 시기

반려견의 사회화 교육 시기는 언제부터 시작해야 하는가?

이 시기 부분이 아주 중요하다.

생후 약 45일부터 만 4개월령까지는 사물 체험 교육의 황금 같은 시간이다.

그 시작은 2개월 때부터 시작한다.

이때는 모든 감각기관이 호기심으로 열려 있는 시기이다.

이 첫 적응기를 잘못 겪었을 때는 부정적 영향으로 다양한 문제적 행동을 표현할 수도 있다. 그뿐만 아니라 강아지 때 외부 환경을 접하지 않고 성장한다면, 심한 개들은 밖에서 걷지 못하거나 지나가는 모든 사물에 대해 짖거나 아니면 무서워하거나 하는 다양한 표현으로 부적응의 모습을 우리에게 보여줄 수 있다.

강아지를 2개월에서 3개월 사이 분양을 받고 생후 3개월 그 이상의 강아지를 분양받을 경우 특히, 한 자리에 계속 갇혀 있는 환경이라면 강아지에게는 매우 좋지 못한 환경이므로 주의가 필요하다.

개에게 있어 사물 체험 훈련 시기란, 사람으로 비교하자면 유아기에서 대략 20세 청년기까지의 기간으로 생존을 위한 환경 적응능력을 배우는 시기라고 표현할 수 있다.

강아지에게 사물 체험 훈련 시기란 짧은 기간 강한 학습의 영향을 받기 때문에 세심한 배려가 필요하다.

독일에서도 강아지를 분양할 때 최소 생후 2개월 이후 분양을 권고한다.

그때까지 강아지들은 어미 개와 함께 다양한 경험을 하게 된다. 특히 이런 강아지들은 불안한 심리적 상태이거나 경험을 하지 않도록 조심해야 한다.

자견 때 받은 나쁜 경험은 성격 형성에도 영향을 줄 수 있기 때문이다.

독일에서는 가게(숍)에서 반려견 분양이 금지되어 있다.

우리나라도 금지하기보다는 발전적으로 개선이 필요해 보인다.

일반 가정이나 전문 견사에서 어미견과 생활하며 정상적인 개월령에 분양되면 강아지들은 훨씬 안정된 심리상태를 가진 건강한 강아지일 가능성이 크다.

주거 공간에서 나갈 때는 강아지는 흥분한 상태가 되지 않도록 주의하고 그러한 행동 앞에 견주까지 환한 미소와 반기는 듯한 행동은 금물이다.

외출 전 흥분 상태를 가라앉히고 출발한다.

이 감정적 흥분 상태를 다스리지 못하면 밖으로 나가서(게이트가 열리면) 무조건 달리는 경주마와 같은 개로 만들 수 있기 때문에 사물 체험 훈련은 가정에서 출발 전부터 꼼꼼히 챙겨야겠다.

이웃을 만나면 인사하기 및 쓰다듬기 등을 연습하여 공격이나 짖음의 적대적 행위가 일어나지 않도록 강아지 때부터 학습한다.

(2) 사물 체험 교육의 주의 사항

(1) 강아지 성격을 잘 살피자

강아지가 너무 겁이 많거나 소극적이라면 야외 외출을 강제적으로 해서는 안 된다.

하루에 열 발자국이라도 상관없다. 그러나 그 짧은 거리일지라도 충분한 시간을 가지고 그 자리에 견주가 같이 놀아주면서 위축된 마음에 응원을 해주어야 한다.

그러다 보면 내려간 꼬리와 귀가 서면서 자신감을 찾아갈 것이다.

(2) 너무 먼 거리의 이동은 삼가자

강아지들에게 새로운 세상의 경험은 호기심과 위험성을 동시에 느끼기 때문에 외부적 환경변화를 받아들이는 용량 또한 크지 않다.

주거 지역 가까운 곳 위주로 해서 천천히 그 거리를 넓혀 나간다.

(3) 놀라지 않도록 주의하자

강아지의 감각기관이 새로운 환경에 대해 예민해져 있는 가운데 갑자기 자동차가 옆을 지나가거나 큰 소리나 낯선 대상이 강아지 정면으로 접근하는 것은 주의가 필요하다. 강아지 때 트라우마가 생기면 계속적으로 이어질 수 있기 때문에 학습을 진행할 때 환경 또한 고려해야 한다.

강아지가 사물 체험 훈련을 진행할 때 컨디션과 적응력을 봐 가면서 거리를 확장해 나간다.

절대 급하게 성과를 보려 하지 말아야 하며, 견주가 강제적으로 하는 것도 조심해야 한다.

그때그때 칭찬과 스킨십 그리고 먹이를 이용하여 응원한다.

다시 한번 강조하지만 우리가 항상 잊지 말아야 하는 것은 교육의 성과를 너무 급하게 보려 하면 안 된다는 것이다. 반려견이나 말 못하는 동물의 교육은 느리며, 꾸준히 노력해야 서서히 바른 변화가 일어난다. 절대 조급해하지 말고, 포기하지 말고, 계속적으로 반복학습해야 올바른 변화를 만들어낸다.

변사부의 QnA

Q. 보리 견주: 3개월생 보더콜리를 입양한 가족입니다.
얼마 전 동물병원을 방문하여 종합 백신을 맞는데, 5차 백신접종 완료 시까지 외부 출입을 삼가라고 수의사가 말했습니다.
그러면 그 이후에 사물 체험 훈련을 진행하면 되는가요?

A. 변 사부: 동물 병원에서 종합 백신이 완료될 때까지 외부 출입을 못 하게 한다면 그것은 의학적 논리에서 병원균의 감염을 차단하기 위한 목적이기 때문에 맞는 말입니다.
하지만 그것은 감염 우려에 따른 위험성만 본 것입니다.
강아지가 종합백신(DHPPL)을 접종하는 시기는 강아지가 사회성을 배워야 하는 매우 중요한 시기입니다.
강아지들이 종합백신을 접종하고 난 후 몸이 좀 처지거나 늘어지는 현상이 일어날 수도 있습니다. 접종 후 이틀에서 삼 일 정도 주거 공간에서 휴식을 취하게 해 주십시오.
그런 다음 오염 지역을 피해 사물 체험 훈련을 진행해야 합니다.

물론 완벽한 항체가 형성되기 전의 위험성을 전혀 배제할 수는 없습니다만, 외출 후 복귀하면 눈, 코, 입 주위와 발을 닦아 주는 기본 청결을 깨끗이 하면 너무 걱정하지 않아도 대부분 큰 문제는 일어나지 않습니다.

강아지의 항체가 불안정하다 하여 접종 완료 시까지 미루면 득(得)보다는 실(失)이 너무나 크기 때문에 꼭 진행할 것을 권장합니다. 그래도 불안하시면 3차 접종 후 2주 뒤 항체 검사를 해 보면 대부분 면역 항체가 나올 것입니다.

사물 체험 훈련의 그 시작을 생후 2개월에서 4개월 사이에 진행하며 최초 생후 2개월 때부터 진행하는 것이 바람직합니다. 강아지의 신체적 성장 속도보다 정신적인 내적 성장이 훨씬 빠르기 때문입니다.

그것은 DNA 유전자 속에 있는 생존 본능이 빨리 주변 환경에 적응하고 안전한 생존권을 확보하도록 이끌기 때문입니다.

사물 체험 훈련은 안으로는 견주와 주종(主從)관계를 정립하고 밖으로는 외부 환경에 대한 과도한 경계심을 제거하고 안정적인 행동을 하도록 하는 교육으로 강아지 때부터 실시하여 문제견이 되지 않도록 힘써야겠습니다.

7
반려견 산책이 문제다

① 문제적 행동견, 산책을 많이 시켜주면 됩니다?

반려견이 가정 내에서 생활하다 보면 과다한 영양공급과 다양한 유형의 욕구불만으로 인해 행동에 문제가 발생하는 경우가 있다.

이러한 문제를 의뢰하면 대부분의 전문가들은 산책을 통해 스트레스를 해소해주라고 조언을 많이 한다.

우리가 개를 데리고 나간다고 해서 무조건 문제가 해결되는 것은 아니다.

방법론을 제대로 이해하고 유형별 대처법이 달라야 하며 꾸준한 노력만이 올바른 변화를 기대할 수 있다.

필자는 많은 전문가들조차 산책법에 대한 올바른 이해가 부족한 것을 발견할 수 있었다.

배움 단계에 있는 애견훈련사들은 꼭 명심해주길 바란다.

② 이제까지 잘못 알고 있던 산책

산책과 운동의 가장 큰 차이는 속도에 있다고 하겠다.

산책은 걷는 것이요, 운동은 달리는 것이 되어야 한다.

산책은 현관문을 나가는 출발점에서부터 주거 지역 주위를 차분히 걸으며 심장박동 수를 평온한 상태로 유지하게 하는 것이 중요하다.

많은 가정 견들이 산책 즉 걷기를 하러 나갔다가 달리려고 애쓰는 개와 씨름하는 경우를 많은 분들은 경험했을 것이다.

산책은 하루 동안 실내 있는 반려견의 무료함을 위로하고 기분전환을 목적으로 삼아야 한다.

목적은 산책인데 외출하는 개의 심장박동은 점점 빨라지고 견주를 끌고 앞으로 나간다면 흥분한 상태로 산책 아닌 산책을 하고 있는 것이다.

이런 행동이 누적되면 개들에 따라서는 움직이는 사물에 예민하게 반응하거나, 짖고 뛰어오르기 등으로 주위 사람들을 불편하게 할 뿐만 아니라 계속적으로 견주를 끌고 가려는 행동들이 나타날 수도 있다.

전문가들 중에 산책을 통해 스트레스를 해소해주라고 권장하는데, 이에 견주들은 개를 데리고 집 주위를 걷거나 일정 거리를 다녀오는 것으로 대부분 산책이라 이해하고 운동 및 스트레스를 해소해주었다고 생각하게 된다. 하지만 개의 체형이 크면 클수록 또는 활발한 개일수록 이러한 산책만으로는 요구하는 에너지 소비량에 못 미칠 수 있다.

3) 우리가 산책을 제대로 이해하자

산책 및 외부 노출의 접촉 시기는 생후 2개월 때부터 반드시 진행해야 한다.

처음 시작할 때는 많이 걷기보다는 새로운 공간을 경험하게 하는 것으로부터 개월령이 점점 늘어날수록 산책 거리와 경계를 넓혀가야 한다.

산책을 바르게 하는 것뿐만 아니라 가정 내에서 함께 생활하는 데 있어 누누이 강조하지만 개의 본능적 특성을 이해하지 못하고 밖으로 나가는 것은 때로는 질주하는 늑대를 만들 수도 있다. 많은 애견훈련사 또는 기타 업계 종사자들이 산책 시에 견주를 반려견이 끌고 걷기를 해결하기 위해 기존 기본형 목줄 대신 가슴줄(하네스)과 긴 줄을 이용하여 최대한 편하게 해주고 산책 이동구간에서는 냄새 맡기도 자유롭게 하여 아낌없는 배려를 강조한다.

하지만 이는 짧은 생각이다. 그렇게 배려한다 해서 산책할 때 리드줄을 끌고 걷는 것이 개선이 되고 타인이나 다른 개들에게 짖는 것이 교정이 되는 것이 아니다.

이런 과잉배려의 주장은 견주들의 마음은 사로잡을 수 있을지 모르지만 거친 행동의 개들은 바로잡지 못한다.

개라고 하는 동물의 본질을 제대로 이해하고 있지 못하기 때문이다.

소형견일지라도 야외에서 용변을 본 후 뒷발질하는 것을 종종 볼 수 있다. 이것은 자기의 흔적인 배설물을 상위 포식자에게 노출되지 않도록 하는 숨기는 행동이다. 약 1만 년 전 자연을 떠나 인간과 함께 생활해 왔고 오늘날에 이르기까지 현대화된 도시 건축물 가운데 생활하면서도 본능적 행동을 보인다. 많은 수컷의 경우 밖으로 나가 산책할 때 전신주나 가로수 나무 등에 자기 소변을 싸는 행위 또한 많이 볼 수 있다.

이 행위는 자기 영역을 표시하고 확인하는 절차이다. 그리고 그 행위 자체가 개들에게는 경쟁이기도 하다.

산책 나가는 그 자체를 즐거워하는 개들도 있지만 산책할 때 거리의 전신주를 나무와 동일하게 인식하고, 영역 표시하기 좋고, 풀이나 흙 또는 다른 동물의 흔적 냄새 등을 맡으며 다니다 보면 본능적 행동을 일깨우고 자극할 수 있다.

개에게 이러한 행동은 자연스럽게 나오는 생존 본능이라는 것이다.

④ 개에게 산책이란?

산책이란 무엇인지 강아지 때부터 인식 훈련이 먼저 필요하다.

개에게 산책이란 우두머리(Boss) 즉 견주에 의한 사냥이나 정찰의 개념으로 이해하고 출발해야 한다. 밖으로 나갈 때 출발과 동시에 반려견이 흥분과 함께 달려 나가며 강아지 스스로 우두머리가 되지 못하게 페이스(pace)를 견주가 가져야 한다.

가족 입장에서는 산책을 시켜준다는 것이 일반적인 생각이다.

그러나 이러한 마음으로 배려하다 보면 반려견이 산책의 리더가 되어버리기 쉽다.

이렇게 되면 개들의 자기표현이 강해질 수 있다. 짖음, 리드줄을 끌고 걷기, 위협, 앞발로 올라타기 등 다양한 자기 주도적 행동을 할 우려가 커지기 때문이다.

견주는 개를 배려하고 스트레스 해소와 건강을 위해 산책을 함께 나가야 한다고 생각하더라도, 반려견이 느낄 때는 우두머리를 따라 산책 나간다는 개념으로 어릴 때부터 학습화를 해야 한다.

이렇게 해야 하는 이유는 반려견과 함께 외출할 경우 다른 사람이나 동물, 자동차 등 다양한 사물에 민감하게 반응하거나 반려견 스스로 우두머리의 행동으로 견주를 보호하고 주의를 경계하는 상황 지휘를 하지 못하도록 해야 산책의 어려움이나 민폐가 발생하지 않기 때문이다.

결국은 강아지 때부터 견주가 상황을 리드해주어야 한다.

가끔 도심 재개발 지역의 유기견들 문제가 뉴스로 등장하곤 한다.

방송 카메라가 다가가면 일찌감치 대장개가 경계하듯 쳐다보고는 이내 무리를 이끌고 어디론가 사라진다.

자세히 보면, 우두머리가 움직이면 표현(짖음)이 없이도 무리는 한 마리의 낙오도 없이 그 뒤를 따라 사라진다. 따르는 무리는 항상 보스의 행동을 주시하고 특히 새로운 상황이 전개될 시에는 더욱 우두머리를 의지한다.

자유로운 가운데 위계질서가 잡혀 있다는 것이다.

이러한 교감이라는 보이지 않는 질서의 끈이 사람과 반려견 사이에도 형성되도록 함께 조기 교육이 필요하다.

⑤ 올바른 산책훈련 방법론

강아지가 자라면서 산책할 때 리드줄을 끌고 걷기, 짖음, 타인에게 뛰어오르기 등 다양한 표현으로 견주뿐만 아니라 주위를 불편하게 할 수도 있다.

그러나 입양 후 강아지 때부터 산책훈련을 꾸준히 한다면 산책할 때 문제적 행동은 발생하지 않는다.

그렇다면 산책훈련의 행동요령을 살펴보도록 하겠다.

(1) 1.5m 내외의 리드줄과 목줄을 준비하자

이때 목에 착용되는 줄은 반드시 가슴줄(하네스)이 아닌 목을 두르는 기본 목줄을 착용시킨다.

산책은 공복 상태로 진행하며, 견주와 함께 밖으로 출발할 때 강아지가 앞서나가면서 리드줄을 당긴다면 견주는 바로 그 자리에서 움직이지 않고 멈춘다.

❖ 7-1 반려견이 끌고 나가려 하면 제자리에 멈춤

    그러면 반려견은 신체적 불편을 느끼고 반려견 스스로가 당겨 힘겨운 것을 처음에는 이해하지 못한다. 이 때문에 나는 앞으로 나가려 하는데 뒤에서 잡아당겨 불편하다고 생각하며 뒤를 보게 된다.

❖ 7-2 뒤를 돌아보는 반려견

이때 중요한 것은 반려견이 뒤돌아볼 때 먹이를 주고 견주를 보도록 하는 것이다.

혼자서 앞으로만 달려가려 하는 운동에너지의 행동을 견주와 함께 한다는 의식을 심어주는 것이다.

❖ 7-3 뒤돌아보는 반려견에게 먹이 보상

먹이를 주더라도 눈과 눈이 마주쳤을 때 주도록 한다.

그러한 다음 "가자"라는 구령과 함께 다시 출발한다.

조금 가다가 리드줄을 당길 때에는 "천천히"라는 구령과 함께 바로 제자리에 멈춘다.

전과 동일한 방식으로 반려견이 뒤돌아볼 때 눈맞춤(eye contact)하고 보상한다.

이 방법은 강아지 때부터 사물에 대한 관심이나 이동의 중심이 사람 즉 견주에게 있다는 것을 학습하는 것이다. 외출 시에 강아지에게 다양한 사물에 대한 경험을 심어줘야 하지만 강아지의 시각에서 항상 견주에 의해 움직이고 보상에 따른 긍정이 계속적으로 일어난다는 개념을 심어주어야 한다. 그래야 소심한 강아지일지라도 견주에 의해 안정적인 산책 보행이 가능해진다.

강아지 입장에서 외출하게 되면 견주를 따라간다는, 또는 함께 간다는 의식을 어릴 때부터 만들어주어야 한다. 그렇게 해야 강아지 혼자만의 생각에 빠져 앞서 달려가지 못하게 된다. 산책은 강아지가 리더가 되거나 보행 시에 독립적 행동을 해서는 안 된다는 것을 계속 교육해야 한다.

이 일련의 과정을 잘 거치면 일어나는 두 가지 놀라움이 있다.

첫째는 산책할 때 흥분과 리드줄 당김이 사라진다.

둘째는 복종성이 강화되며, 산책 시에 혼자의 감정에 빠져 행동하는 것이 아니라 견주를 배려한다.

처음 이 훈련을 할 때에는 꼭 멀리 가지 않아도 되기 때문에 동일한 방법으로 매번 똑같이 행동함으로써 개의 시각에서는 반복적인 동작 학습으로 항상 일관성을 유지한다고 느끼도록 해야 한다.

수개월이 걸릴 수도 있다. 그렇지만 시간이 누적되면 습관화된 교육으로 행동하게 된다.

6) 반려견에게 정말 필요한 것은 달리기

단순히 산책만으로는 운동의 효과를 볼 수가 없다. 개는 태초 때부터 달리면서 살아가는 기능적 특성의 네 다리와 사냥을 위한 강한 턱과 송곳니를 보유하고 있다. 현대화된 오늘날에도 개들의 기능적 신체 특성은 변함이 없다.

가정 내에서 생활하는 반려견들은 대부분 충분한 영양 공급 및 보살핌을 받고 있다.

그러나 반려견들의 운동량은 턱없이 부족하다. 전문가들조차 실내에서 거친 행동을 하는 반려견에게 내리는 처방 중 하나가 산책을 많이 해주라고 주문하는 것이다. 그러나 산책만으로는 반려견의 에너지를 소모하거나 스트레스를 해소하기에는 매우 미흡하다.

개들에게는 달리기가 중요하다. 달리면 운동이 되고 그와 함께 비축되어 있던 열량이 소모된다. 그뿐만 아니라 달릴 때 발바닥이 지면에 빠르고 강하게 접촉함으로써 자극이 되고, 혈액순환을 빠르게 하여 스트레스 해소에 큰 도움이 된다.

우리가 반려견을 산책시켜줄 때는 걷기와 달리기가 병행되어 복합적 형태를 갖추는 것이 중요하다.

산책 및 달리기는 주 4회 이상 하도록 한다. 반려견을 산책시켜준다가 아니라 견주의 운동을 반려견이 따라 간다는 의식을 가지고 반려견이 느끼도록 해야 한다. 집 주변의 공원이나 운동장 큰 공터를 이용하여 약 30분에서 1시간가량 신나게 달릴 수 있도록 해야 한다. 그래서 산책이라는 표현보다는 운동이 더 정확한 표현이다.

그러나 반려견과 운동의 목적지로 이동할 때는 리드줄 당김 없이 걷는 교육을 실시하며 이동하고, 이것을 산책이라 한다.

운동장에 도착한 후에는 뛰어 다닐 수 있도록 공이나 장난감을 이용하여 주고받기 놀이를 통해 운동을 극대화할 수 있다.

만약 운동할 수 있는 공간은 있으나 풀어줄 수가 없다면 리드줄에 약 10m 긴 줄을 연결해서 그 줄의 끝을 잡고 달리기를 하면 안전과 운동 두 가지를 해결할 수 있다. 리드줄에 연결하는 줄은 5mm 나일론 로프로 철물점에서 저렴하고 쉽게 구입할 수 있다.

❖ 7-4 반려견이 운동하는 모습

❖ 7-5 반려견이 운동하는 모습

이렇게 해서 달리기를 하다 보면, 우리 반려견의 적정 운동량을 체크하는 방법으로 충족감을 나타낼 때 행동이 바닥에 엎드려 숨 고르기를 통한 휴식을 하며 오늘 운동량은 달성한 것으로 판단할 수 있다.

❖ 7-6 열심히 달린 후 숨 고르기 하는 모습

달리기를 통한 운동이 종료되면 다시 집으로 되돌아올 때에도 리드줄 당김이 없도록 재차 교육을 한다. 목적지 운동장에 도착 후 달리기를 통한 에너지를 발산하고, 다시 산책 예절을 지키며 집으로 복귀한다. 산책과 운동을 구분하고 절차를 이해함으로써 올바른 운동법으로 반려견의 욕구 불만을 해소해줄 수 있다.

⑦ 여름철 산책할 때 주의사항

여름철 반려견과 산책할 때는 일사병과 열사병을 조심해야 한다.

무엇보다 고온과 고열에 의한 증상으로 한낮 직접적인 직사광선에 노출되는 일은 피하는 것이 좋으며 여름에는 아침 시간에 산책을 권장하며 저녁에는 늦은 시간을 추천한다.

더운 여름 태양을 직접 쬐이는 직사광선도 위험하지만 고온 또한 주의해야 한다. 높은 온도에 장시간 노출되면 식욕 부진이나 탈수 같은 것이 일어날 수 있고 충분한 수분 섭취와 그늘에서 적당한 휴식을 병행해야 한다.

그렇지 않으면 쇼크 등의 증상이 나타날 수도 있고 경우에 따라서는 생명까지 잃을 수도 있다.

일반적으로 반려견과 외출 시 햇볕의 직접적 노출이 위험하다고 생각할 수 있지만, 개에게 있어서는 직사광선보다 길바닥의 콘크리트나 아스팔트의 복사열이 훨씬 더 위험하다.

그 이유는 낮 시간 햇볕에 의해 계속적으로 노면 바닥이 달구어지면 실제 온도보다 바닥면의 온도가 10℃ 이상 올라가기 때문이다. 그리고 현존하는 견종 중 극히 일부를 제외하고는 대부분 머리, 다리, 등, 꼬리까지 털로 덮여 있다. 겨울철 체온 유지를 위한 보온의 역할도 있지만 외부 충격으로부터 보호하는 완충 역할과 함께 무더위의 뜨거운 열이 피부에 직접 닿는 것을 피할 수 있다. 사람의 머리카락 역할과 비슷하다. 무더운 여름날 반려견과 함께 산책할 때는 고온에 취약한 신체 부위를 이해하고 있어야 한다. 그곳은 발이나 아랫배 부분이며, 발바닥을 특히 조심해야 한다.

❖ 7-7 푸들 강아지 배 부분

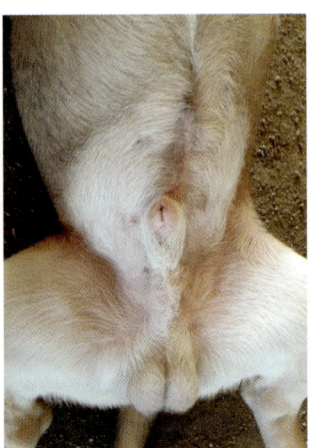
❖ 7-8 보스턴 테리어 배 부분

❖ 7-9 그레넨달 강아지 배 부분

사진에서처럼 개들의 배 부분은 대부분 털이 없거나 있어도 다른 신체 부위보다는 조밀하지 못하다. 뜨겁게 달구어진 길 표면의 복사열은 반려견의 배 부위에 직접적으로 영향을 줄 수 있고, 배 속에는 주요 장기가 있기 때문에 산책할 때 뜨거운 산책길은 피하는 것이 좋다.

❖ 7-10 개 발바닥

　개의 발바닥의 경우 두툼한 패드 형태로 되어 있고 털이 자라지 않는 신체 부위이다.
　개가 걷거나 달릴 때 직접적으로 바닥면과 마찰이 일어나기 때문에 무더운 날씨에 반려견이 외출을 한다면 바닥의 뜨거운 열이 발바닥을 통해 직접적으로 흡수되고 스트레스를 동반한다. 그로 인해 급격한 체온 상승의 원인이 될 수 있기 때문에 주의가 필요하다.

8

애견카페 조심

애견 인구의 증가와 함께 다양한 관련 업종들이 생겨나고 있고 그중에서도 애견카페나 애견운동장 같은 다중 시설도 늘어나는 추세에 있다.

일단 개들에게 다양한 체험을 하고 활력을 줄 수 있는 공간이 증가한다는 것은 환영할 일이다.

애견카페는 가정견들을 키우는 많은 사람들이 반려견에게 다양한 개들과 함께 사회성도 키우면서 놀 수 있도록 하고 운동을 겸해서 종종 찾는 곳으로 이용되고 있다.

그러나 애견카페나 애견운동장을 찾을 때에도 순서와 방법을 알아야 한다.

(1) 애견카페 및 애견운동장을 조심해야 할 강아지들

강아지를 키우는 가정에서 사회화 교육을 위해 애견카페나 애견운동장을 데리고 간다는 분들이 많이 있다.

실내 생활을 주로 하던 강아지를 많은 개들이 있는 곳에 한번에 노출하는 것은, 개들의 성격에 따라서는 사회성을 키우는 것이 아니라 사회성이 훼손될 수도 있다는 것을 알아야 한다.

많은 개들이 있는 곳에 갈 때는 먼저 우리 강아지의 성격을 잘 살펴보아야 한다.

너무 예민하거나 또는 소심한 강아지 등 환경 변화에 적응 능력이 떨어지고 겁이 많은 강아지들은 처음부터 많은 개들이 모여 있는 공간에 데려다 놓으면 견주만을 찾는다든가 아니면 도망 다니기 바쁘거나, 또는 방어를 목적으로 위협적으로 물려고 하는 강아지들이 있다.

주눅 들거나 회피하는 강아지들은 접근하는 개들에게서 스트레스를 받지만 더욱 문제가 되는 것은 다른 개들이 접근했을 때 우리 강아지가 이빨을 먼저 드러내고 으르렁 하며 무는 극단적 행동을 할 때이다.

이런 행동은 강아지가 매우 큰 위험으로 감지했고 몸을 지키기 위한 최후의 방어수단인데, 접근하는 성견이나 강아지가 단순히 냄새 맡거나 호기심으로 함께 '놀자'라는 접근을 경험이 없거나 부족한 강아지 입장에서는 위협으로 느꼈기 때문이다.

사교성이 떨어지거나 어린 강아지는 처음부터 많은 개들이 모여 있는 애견카페나 애견운동장 출입을 삼가야 한다.

이렇게 다른 개들의 접근을 과민하게 받아들여 공격적 행동을 하거나 물었을 경우 해당 강아지는 그런 행동이 계속적으로 일어날 수 있기 때문에 순화시키는 교육이 꼭 필요하다. 다른 개들을 볼 때 공격적인 강아지들은 점점 그 잘못된 행동이 강화가 되기 때문에 긴장을 풀어주는 교육을 해야 한다.

그렇지 않을 경우 낯선 사람이나 외부에서 접근하는 모든 사물에 대해 부정적이며 짖음과 공격성을 나타낼 수 있기 때문이다.

② 1:1 교육법

우리가 강아지를 입양했을 때 소극적이거나 예민하다면 주위 환경에 대한 적응력을 키워주어야 한다.

특히 다른 개들에게 과민한 행동이 일어나지 않도록 하기 위해서 교육을 따로 해야만 한다. 우리 강아지와 비슷한 크기이거나 아니면 조금 더 클지라도 너무 활동적이거나 과격한 행동을 하는 개는 상대견으로 부적합하다.

되도록 온순하며 조용한 개들이 교육 상대견으로 적합하다. 만약 상대견을 찾기가 어렵다면 산책을 나간 뒤 비슷한 크기의 개들을 주위에서 관찰한 다음 견주에게 양해를 구한다면 쉽게 허락을 얻을 수 있을 것이다.

이렇게 1:1로 만남을 가지면, 상대견이 공격적 또는 너무 활동적으로만 접근하지 않는다면 우리 강아지는 상대견이 다가오는 것에 대해 거부반응을 보이지 않을 것이다.

그렇게 하여 자연스러운 냄새 맡기가 진행되기 시작하면 우리 강아지는 작은 자신감과 기쁨을 가지게 될 것이다. 그런 다음 간식과 칭찬 및 쓰다듬기의 스킨십을 느끼게 해주면 강아지는 훨씬 큰 자신감이란 선물을 얻게 될 것이다.

이러한 방법으로 계속하다 보면 키도 자라지만 마음도 자라게 되고 튼튼하게 된다.

그러나 때로는 특정한 개 또는 갑자기 지나가는 사람이나 개를 보고 짖는다면 소란스러움과 미안함으로 인해 그곳을 빨리 이탈하는 것이 우선이 아니다. 바로 그 자리에서 흥분된 감정을 바로잡아 주어야 한다.

상대방 또는 상대견이 어떠한 행동을 하지 않았는데도 짖는다는 것은 위험이나 두려움을 스스로 만들어내는 경우가 많다는 것이다.

그럴 땐 그 자리에서 바로 앉힌 다음 진정시킨 후 다시 이동하도록 함으로써 상대가 위협하지 않으면 짖지 않도록 교육한다.

이렇게 계속해서 다양한 개들과 산책하면서 냄새 맡기 인사가 잘 이루어지기 시작하면 한 달 또는 두 달 정도의 시간이 지나갈 것이다. 그런 다음 애견카페나 운동장에 데려가는 것이 좋다.

그리고 처음에 갈 때는 조금 이른 시간에 다른 개들이 많이 입장하기 전에 먼저 입장하여 소수의 개들과 어울리도록 하는 것이 처음 가는 환경의 낯섦과 다양한 개들과의 접촉에서 오는 심리적 불안감을 최소화할 수 있다.

초기에 애견카페나 애견운동장의 출입 시간을 짧게 시작해서 적응력을 봐 가면서 서서히 시간을 늘려나가도록 한다.

애견카페와 애견운동장은 사교성을 키우고 낯선 개들에 대한 안정감을 학습하고 즐길 수 있는 공간이다. 우리 강아지의 성격을 파악함과 동시에 단계별로 서서히 체험해 나간다면 애견카페와 애견운동장은 마음에서부터 발생하는 문제적 행동을 미연에 방지하고 해소하여 운동과 재미를 함께 가져가는 즐거운 공간이 될 것이다.

9

개집 훈련이 중요한 이유

① 개집의 의미

개집은 취침과 휴식을 하는 장소이고 종족 번영을 위한 생명 탄생의 요람이며 최소한의 공간으로 자신의 몸을 보호하고 영역을 지키기 위한 가장 기본 단위의 활동 공간이다.

❖ 9-1 개집 훈련

② 케이지 훈련

반려견이 실내 생활을 하기 이전 시절에는 마당이나 정원에 묶여 생활하거나 풀려서 지내는 방사 형태의 생활을 하였다.

오늘날 실내 생활견들이 많아지면서 여행이나 이동 등 다양한 요구에 의해 케이지 활용이 많아지고 있다.

그러나 조기에 교육을 하지 않으면 개들은 케이지에 들어가는 것을 싫어할 뿐만 아니라 케이지 안에서 대기하는 동안에도 불편함을 계속적으로 표현할 수 있다.

케이지가 개들에게 불편한 장소로 인식되어서는 안 된다. 케이지는 반려견들이 휴식과 취침을 위해 머무는 공간으로 이해하도록 훈련이 필요하다.

🐾 9-2 케이지 교육

③ 케이지에 가두지 마세요?

이런 말을 종종 듣고 있다. 일반인들이야 지식이 부족하고 반려견을 너무 사랑하는 마음에 케이지에 머물게 하는 것이 안쓰러울 수 있다. 당연하다.

하지만 애견훈련사들 중에 일부는 케이지에 가두지 말라 또는 큰 케이지를 사용하라 등 "개들이 얼마나 힘들겠냐?"며 배려의 말을 전하면 애견인들은 쉽게 공감하게 된다.

그러나 아는 만큼 보이는 법이다.

모든 도구는 사용의 목적이 있고, 그 필요성을 바르게 이해해야 한다.

케이지는 단순히 가두고 억압하고 불편하게 하는 사용의 목적이 아니다.

개들은 원시시대 때부터 오늘날에도 시골이나 숲속에서 전원생활을 하는 개들에게 공통적으로 나타나는 행동 중 하나가 땅을 파고 그 속에서 자고 휴식하는 것을 많이 볼 수 있고, 예비 어미견은 땅굴을 파고 들어가서 출산을 하는 경우도 많이 있다.

이 말은 개들은 좁은 공간에 머무는 것을 태생적으로 불편해하지 않는다는 것이다.

우리가 반려견을 잘 따르게 하고 문제견으로 성장하지 않도록 애견훈련소에 입학시켜 애견훈련사의 힘을 빌릴 수도 있지만 생활 속에서 하는 작은 실천들을 잘 이해하고 훈육한다면 최소한 문제견으로 성장하지는 않는다.

일부 애견훈련사들이 케이지 필요성의 찬반논쟁이나 크기에 대해서만을 강조하지만 이것은 짧은 식견이다.

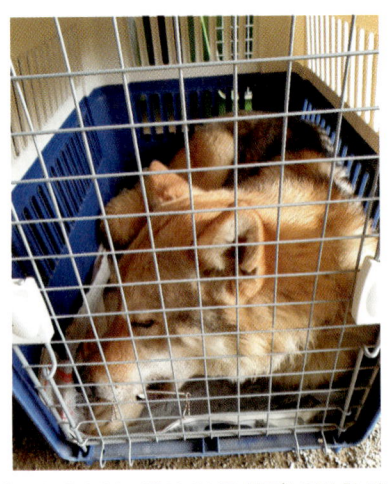

❖ 9-3 대형견이 케이지가 비좁아 보여도 불편함 없이 잘 기다리는 모습

케이지 또한 단순히 작은 공간에서 머물게 한다는 사용 목적에서 벗어나 복종훈련을 겸해서 한다는 자세로 케이지에서 기다리게 하고 안정적인 자세로 머물도록 교육하는 것은, 가정 내 주거 공간의 주도권이 견주에게 있다는 것이다. 더불어 반려견의 자율적 활동 중에도 지시에 따라 스스로 케이지에 들어가는 훈련은 때로는 활동 영역을 제한하기도 하고, 외부인의 출입 및 현관문 밖 낯선 소리에 과민하게 반응하지 못하도록 하는 교육의 수단으로써 복종성과 흥분을 자제하게 하는 인내력을 배양하는 학습도구로도 활용할 수 있다.

케이지의 크기나 필요 유무의 논쟁은 조금 깊이 있게 들여다보면 쉽게 풀린다.

케이지 교육을 강아지 때부터 진행하면 어려움은 대부분 발생하지 않는다. 그러나 케이지에 일정 시간 머물든 아니면 거실에 자유롭게 있든 실제 개들은 혼자 있으면 많이 움직이지 않는다는 것이다. 가정용 CCTV로 확인해보면 쉽게 알 수 있다.

그렇기 때문에 우리가 케이지 밖으로 나오도록 해줄 때 또는 외출 후 집에 도착한 후 그다음의 행동이 오히려 더 중요하다.

반려견이 가정에서 혼자 기다리는 시간이 길면 길수록 견주가 외출 후 되돌아왔을 때 함께 밖으로 나가서 우리 개를 운동이 되도록 해주어야 한다.

그렇지 않고 견주가 집에 도착 후에 케이지에서만 나오게 해주거나, 그냥 거실에서 기다리던 반려견을 인사만 하고 그냥 둔다면 반려견들은 집이라고 하는 또 다른 큰 케이지에 가둬 두는 것이랑 다를 것이 없다.

이럴 경우 개들에 따라서는 운동에너지 방출 부족 및 스트레스의 누적으로 문제적 행동이 발생할 수도 있다.

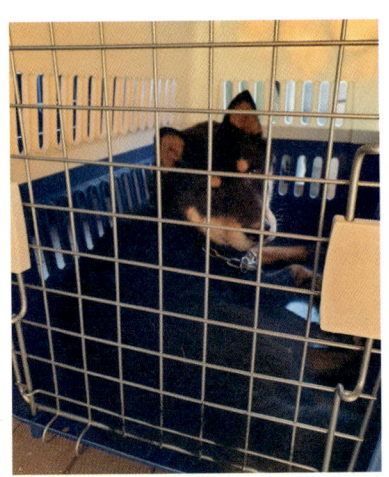
❖ 9-4 케이지에서 취침에 들어가는 강아지

　케이지에서 반려견이 대기할 때 적합한 실내 온도와 공복 상태에서 대기할 시에는 밤사이 취침 시간 정도는 충분히 기다릴 수 있고 시간으로는 연령에 따른 차이는 있으나 대략 8~10시간에서 12시간까지 기다리는 것이 가능하다.
　케이지는 위에서도 언급한 것처럼 머무르는 대기의 목적도 있지만, 견주의 통솔력을 보여줌으로써 그렇게 강압적이지 않으면서도 주종관계가 만들어지는 긍정적인 면이 있다.
　이 교육이 잘 진행되면 실내 생활의 행동에도 긍정적인 영향을 줄 수 있기 때문에 활용의 가치가 있다.

10
카밍 시그널
과도한 적용의 위험성

1996년 노르웨이 애견훈련사 투리드 루가스(Turid Rugass)가 그의 책 《On Talking Terms With Dogs Calming Signal (강아지와 의사소통 카밍 시그널)》에서 용어를 처음 사용하였다.

그러나 그 이전에도 경력을 가진 애견훈련사들은 카밍 시그널(calming signal)이라고 하는 행동언어를 이해하고 교육에 활용해 왔었다. 전혀 새로운 것은 아니다.

카밍 시그널의 대표적인 특징은 다른 개들이 자신에게 위협적인 행동을 하지 않도록 하기 위한 행동이다.

즉 나는 너에게 공격을 하거나 긴장감을 가지지 않는다는 행동언어를 보여주는 것을 말한다.

10-1 누워서 배를 보이는 행동

10-2 고개를 돌리는 행동

❋ 10-3 꼬리를 낮게 흔들기　　❋ 10-4 코를 혀로 핥는 행동

　이 외에도 다양한 형태의 몸짓으로 상대와 싸우거나 긴장된 상태를 만들지 않겠다는 표현을 행동으로 말한다.

　2017년 이탈리아 피사대학교에서 카밍 시그널의 효과 실험을 진행하였다. 공격하는 상대견에게 공격당하는 개들이 67%가 카밍 시그널을 해보였다. 이 카밍 시그널을 본 79%의 가해 상대견은 공격성이 감소되었다고 한다. 이유는 공격당한 개들의 약자의 본능적 표현인 누워서 배를 보여줌으로써 공격견의 행동을 진정시켰기 때문이다.

　더 구체적인 표현으로 말하자면 공격당하는 개의 저항의지가 없다는 가장 낮은 자세의 동작과 약자로서의 항복이며 따르겠다는 본능적 약속의 행위이다. 그 외에도 여러 유사 동작이 있으며 무리(群) 생활을 하는 동물들의 전형적인 모습이다.

특히 꼭 알아야 할 개들의 반응은 경계 및 공격적 자세이다. 개의 자세가 높고 몸이 경직되고 대상을 주의 깊게 관찰하며 꼬리는 높이 세우고 힘이 꽉 찬 상태에서 작은 흔들림을 유지한다. 이때는 주의해야 한다. 위험하다. 다음 순간 공격이 일어날 수도 있다.

🐾 10-5 개가 긴장했을 때 모습 1

🐾 10-6 개가 긴장했을 때 모습 2

1 하품 또는 날숨의 이해

포유류 동물의 비슷한 특징이 많지만 그중 하나가 인간이나 개 모두 하품을 한다는 것이다.

하품(날숨)의 원인은 다음과 같다.

① 무료함(지루함) 또는 졸음에 의한 하품
② 스트레스에 의한 하품
③ 모방에 의한 하품

(1) 무료함(지루함) 또는 졸음에 의한 하품

의학자들이 다양한 학설을 발표하지만 아직 정확한 원인은 연구 중이며 대체적으로 무료함은 졸음을 동반하고 하품도 하게 된다.

하품은 스스로의 의지와 상관없이 대체적으로 자연스럽게 나타나는 무의식적 하나의 반응이다.

(2) 스트레스에 의한 하품

스트레스나 긴장감에 지속적으로 노출되면 하품을 하게 된다. 뇌가 지치면 신체는 하품을 하여 뇌에 공기를 전달하여 뇌의 긴장을 떨어뜨리려 한다.

2016년 11월 미국 뉴욕 수립대학 오니온타 캠퍼스 앤드류 갤럽 교수의 연구에 의하면 인간을 포함하여 23종의 동물을 대상으로 하품에 대한 연구를 진행하였다.

뇌가 크고 신경세포가 많을수록 하품의 시간이 긴 것으로 밝혀졌다.

미국 조지아 귀넷 대학 스티븐 플래텍 교수는 뇌에서 이루어지는 신진대사의 에너지 소비량이 40%를 차지하고 뇌에서 생성되는 열을 제때 식혀주지 못하면 치명적 뇌 손상을 동반할 수 있기 때문에 하품을 하게 되는 것은 과도한 뇌 사용의 신호라고 한다.

2007년 미국 뉴욕 주립대 진화 심리학자 갤럽박사는 과학 신문지 진화 심리학(Evolutionary Psycholgy)에서 뇌의 활동이 왕성해지면 뇌의 처리 능력에서 뇌의 온도가 상승하게 되고 하품이 발생하게 된다고 한다.

신선한 공기를 코로 흡입하여 뇌의 온도를 낮추어 일정 수준을 유지하려 한다는 것이다.

일반적인 인간의 행동에서도 중요한 면접 시험장 출입할 때 또는 스포츠 경기 결승전의 선수들이 긴장을 풀기 위해 심호흡을 크게 하는 것을 많이 볼 수 있다. 이 또한 뇌에 신선한 공기를 공급하여 정상적인 뇌 기능이 이루어지도록 돕는 행동이다.

(3) 모방에 의한 하품

하품의 전염성을 말하는 것이다.

영국 왕립학회의 전문지가 2008년 영국 버크대의 아츠시 센주 박사의 연구팀이 29마리의 견종이 다른 개들을 제한된 공간에 1명의 사람과 함께 머물도록 했다.

시간이 지나면서 사람이 하품하는 것을 본 29마리의 개들 중에 21마리가 하품을 따라 했다.

타인의 하품을 따라 하는 이유에 대해 아직 연구가 더 필요하지만 그 전염성은 확실히 확인할 수 있는 실험이었다.

(2) 변 사부의 지적, 카밍 시그널의 잘못된 이해

① 어떠한 견주가 자신의 반려견이 엎드려 있을 때 만지면 문다고 한다. 그런데 카밍 시그널에 대한 책을 보고 알았다고 한다.

개가 휴식하고 있을 때 자신을 만지는 손을 무는 것은 사람에게 만지는 것에 대한 주의를 주는 것이라고 한다. 경고하는 것은 맞다.

그러나 이것은 동물들 간에만 이루어져야 한다. 사람이 만져서 온전한 휴식에 방해가 발생하였다면 손을 무는 위험한 경고를 할 것이 아니라 자리를 피해 다른 공간으로 이동하여 휴식하거나 아니면 무시하는 것이 맞다.

손을 무는 행위는 견주와 수평적 대등한 관계 또는 반려견이 상위개념에 있다고 표현하는 것이다.

이것은 지나친 배려에서 시작된다. 반려견을 이해와 배려로만 대하다 보면 개들에 따라서는 결정적 순간에 가족을 무는 위험한 행동이 발생할 수 있다.

무는 것은 가장 강력한 표현 수단이며 치명적인 사고로 이어질 수도 있다.

휴식하는 개를 만졌다고 무는 것을 개의 불편함에 대한 표현으로 의미 해석을 할 것이 아니라, 견주가 만지는 것을 기꺼이 받아들이거나 회피하는 것. 이것이 바로 카밍 시그널을 올바르게 적용하는 것이다.

카밍 시그널은 상대에게 본인을 낮추는 신호가 대부분이다.

자기를 낮춘다는 것은 복종한다는 것이고 복종은 '따른다'는 것이다.

가족이 만진다고 무는 것은 따르는 존재가 아니라 대장견(Boss)의 모습이다.

그렇게 견주가 만지면 반려견은 카밍 시그널의 동작으로 자신을 낮추어야 한다.

그렇지 않고 만약에 개 앞에서 사람이 카밍 시그널의 행동을 보여준다면 주종관계가 바뀌는 것이고 잘못된 갑과 을의 관계를 이해하게 만드는 것이다.

먹이, 장난감, 놀이, 실내생활 등에서 항상 반려견은 견주에게 카밍 시그널의 행위를 하는 약자가 되어야 한다. 그럼으로써 가족은 배려를 통해 보살핀다.

견주의 지나친 배려로 현재 필자의 애견훈련소에는 매주 타인도 아닌 가족이 반려견에게 물려 훈련 문의가 계속 오고 있는 것이 현실이다.

반려견은 강아지 때부터 자신을 낮추는 복종훈련이 필요하다.

반려견은 어떠한 상황이든 견주에게 양보하는 습관을 강아지 때부터 학습이 필요하고, 그러한 착한 행동에 견주는 따뜻한 배려를 보내고 함께 교감한다.

② 개와 마주한 사람이 하품(날숨)을 하여 위협이나 긴장한 분위기를 이완시키고 상호작용을 통해 개의 공격성을 없앨 수 있다?

먼저 결론부터 말하자면 꿈같은 이야기이다. 이 방법은 처음부터 제시하는 것에 크게 두 가지의 모순점을 가지고 있다.

첫째는 모르는 타인이 갑자기 이 행동을 할 때는 대부분의 개들은 이해하지 못할 뿐 아니라 상황이 더 위험해질 수 있다. 그리고 가족에게 물거나 위협적인 개들은 어떠한 몸동작(카밍 시그널)을 통해 해결되는 것이 아니라 잘못된 사람과 개의 관계를 바로잡는 교육이 우선이다.

둘째는 앞서 하품(날숨)의 원인에서도 설명한 것처럼 하품에는 여러 유형이 존재한다.

그것을 지금 사람 앞에서 위협하는 개에게 하품하면 개가 여러 유형 중 하나를 찾아 이해하겠는가?

필자의 애견훈련소에 실제로 입소한 문제견의 상담 내용이다.

견주가 산책을 나갈 때 목줄을 채우거나 몸에 빗질을 해줄 때 하기도 전에 무는 행동을 한다는 것이다.

견주분이 안 해본 방법이 없고 TV, 동영상 등 안 따라 해본 것이 없다고 했다.

개가 보는 앞에서 '나는 위협적이지 않아' 하는 마음으로 수없이 많은 날을 하품으로 보여주었지만 효과가 없었다고 한다.

당연한 결과이다.

반려견이 가족을 무는 것은 가족을 위협적 대상으로 인식하거나 긴장감으로 인해서 무는 것이 아니라, 대부분이 개 입장에서는 자신이 싫어하는 것 또는 거절하는 표현을 강하게 하는 행동이 무는 것일 뿐이다. 그러나 무는 행동의 누적은 더 큰 위험을 만들어낼 수 있다.

일단 하품(날숨)은 여러 유형의 의미를 가지고 있다. 설령 그것을 우리 개가 견주로부터 위협이나 긴장감이 없다는 신호로 이해했다 하더라도 앞서 이탈리아 피사대학에서 실험한 것처럼 79%의 가해견이 공격성이 감소했다고 한 것처럼 모든 개가 이 적용을 따르지 않는다는 것이다.

그뿐만 아니라 카밍 시그널을 개의 행동을 이해하는 데 참고용으로 활용해야지, '내가 카밍 시그널의 모방행동을 해서 개를 변화시켜야겠다'라는 생각을 가지고 노력한다면 오히려 견주 자신을 낮추게 되는 일을 초래한다. 개가 견주를 더 약자로 이해하게 되는 잘못된 결과를 만들어낼 수 있는 것이다.

특히 공격성이 강한 개들을 카밍 시그널로 바꾸겠다는 것은 허구에 가깝다. 카밍 시그널의 표현은 개의 현재 심리 상태를 이해하는 데만 활용해야 한다.

3) 변 사부의 카밍 시그널에 대한 일침

미국 방송의 유명 애견훈련사의 가정방문 훈련 프로그램에서 방문한 가정의 중형견이 애견훈련사를 위협하니 날숨(일종의 카밍 시그널)으로 상대견의 긴장된 상태를 풀기 위한 행동을 해보았다. 그러나 큰 변화는 없었다. 오히려 애견훈련사가 가진 강한 에너지에 개가 제압당하는 느낌을 받았다. 국내에서도 일부 훈련사들이 따라 하기도 하고 지금도 하는 훈련사들이 있다. 개의 감정적 상태의 표현 방법을 모방하고 흉내 내어 교육에 활용하겠다는 실험과 노력은 높이 평가한다. 그러나 카밍 시그널의 대표적인 특징이 상대견이 나(개)에게 위협적인 행동을 하지 않도록 공격, 위협의사가 없다는 행동 신호를 보내는 것이다.

이것은 상대견에게 자신(개)을 낮추는 모습이며, 약자 코스프레를 하는 것이다.

항상 필자가 지적하지만 순종적이고 착한 개들은 이런 방법을 사용하더라도 대부분 큰 부작용은 발생하지 않는다.

그러나 신체 크기에 상관없이 활동성과 자기표현이 강한 개들은 카밍 시그널을 이용해서 공격성을 개선해도 그 효과는 미미하다.

약자의 방어적 행동(카밍 시그널)을 교육에 대입하겠다는 것은 일반인들이 하기에는 위험성과 부작용이 크다.

요즘 가정 내에서 반려견이 가족을 무는 사고가 너무 많다. 필자가 상담해 보면 지나친 배려와 예의 없는 반려견들이 자기편의주의적 행동을 거침없이 하는 것이다. 견주들이 학대나 괴롭힘을 가하지 않았다. 항상 좋은 환경을 제공함에도 불구하고 폭력적인 개에게 견주가 더 낮은 자세로 반려견을 대하라는 것은 위험한 발상이다. 그럴수록 우리 개를 대장견(Boss)으로 만들 뿐이다.

카밍 시그널 같은 것을 전파하는 사람들은 그 실용성을 강조하려 하겠지만, 카밍 시그널의 자신을 낮추고 방어적 행동을 너무 과대 해석하는 것 같다.

카밍 시그널은 우리의 개 또는 타인의 반려견을 접할 때 현재의 감정 상태를 파악하는 것으로 활용함이 바람직하다.

만약 문제가 있다면 정상적인 교육법으로 지도하면 된다.

애견 교육은 굉장히 신비스러운 기술이 아닐 뿐더러 간단하고 편리하고 쉬운 것은 더더욱 없다.

'개'라고 하는 동물은 올바른 기술로 충분한 시간을 활용하여 꾸준히 노력할 때 바뀌는 것이지 신의 기술, 신의 손은 없다.

말 못하는 동물이라고 장난하면 안 된다.

모든 교육은 합당한 노력의 시간을 투자할 때 그 성과가 나온다.

오늘날 이렇게 키우는 분들이 정말 많아졌다.

타인의 개를 견주에게 만져도 되는지 묻지 않고 지나가는 개를 만지고 쓰다듬는 행동을 하는 일반인들이 있다.

이런 행동은 첫째, 개를 놀라게 할 수 있고 그로 인해 사람에 대해 부정적 학습이 될 수 있다. 둘째는 공격적인 개들일 경우 물릴 수도 있다.

이런 행동은 매우 위험한 행동으로 삼가야 한다.

🐾 10-7 개가 공격적 긴장했을 때 모습
(꼬리가 높게 서 있고 경직되어 있다)

카밍 시그널은 우리가 함께 생활하는 반려견이나 밖에서 타인의 개를 나와 마주했을 때 개의 감정 상태를 이해하는 정도에서 참고해야 한다.

④ 변 사부의 지적

결정적인 순간에 사람을 무는 경우가 생길 수 있다.

무는 것은 가장 강력한 표현수단이며 치명적인 사고로 이어질 수 있다.

그런 순간에 개가 자리를 피하는 자신을 낮추는 교육을 강아지 때부터 반드시 시켜야 한다.

원칙 없는 과잉배려는 무는 개로 만들 수 있다.

무는 개들이 정말 많아졌는데 견주와 가족 분들의 잘못된 정서적 영향이 전혀 없다고 말 못 한다.

(1) 하품(날숨)을 하여 개에게 위험이나 긴장된 분위기를 이완시키고 상호작용을 통한 공격성을 없앨 수 있다?

먼저 결론부터 말하자면 전혀 안 된다고 할 수는 없으나 이 방법은 처음부터 제시하는 것에 모순점을 가지고 있다.

필자의 애견훈련소에 물어서(교상) 문제된 개들이 입소할 때는 견주분들이 안 해본 방법이 없고 TV나 동영상 등 안 따라 해본 것이 없다고 한다. 시도하고 또 해봐도 해결이 되지 않아 입소한 견주분들의 시도 방법 중 특히 많은 분들이 긴장감을 해소하기 위해 하품이나 날숨을 해보았지만 의미가 없었다고 한다. 당연한 결과이다.

하품 또는 날숨을 하는 이유가 개에게 나는 위험하거나 긴장감이 없다는 안정적 신호를 주기 위한 것이다.

그런데 '나의 개가 나를 보고 긴장을 했는가?'라는 것을 생각해 보아야 한다.

매일 보고 산책하고 먹이 주는 존재가 무서운 존재겠느냐는 것이다.

혹여나 그러면 안 되지만 개를 매일 괴롭히고 학대한 견주라고 가정하자. 개에게 이 견주는 무서움 그 자체일 것이다.

그런데 하품이나 날숨으로 그 긴장이 완화되겠는가?

경험한 공포의 에너지가 훨씬 크기 때문에 쉽지 않다. 보통 일반적인 개들에게 하품 또는 날숨의 행동을 보여주면 하품을 따라 하는 개들이 있을 수 있다. 그러나 그것은 위에서 설명한 것처럼 모방의 전염성에 의한 따라 하기이다. 이것을 보고 우리 개가 나 또는 스스로 안정적으로 인지했다면 잘못된 생각이다.

미국의 애견훈련사 시져 밀란은 '도그 위스퍼러(Dog whisperer)'라는 애견 훈련 프로그램으로 유명세를 떨친 사람이다. 그 또한 카밍 시그널의 한 방법인 사나운 또는 무는 개에게 접근할 때 하품 또는 날숨을 하고 접근하는 영상을 여러 차례 보여준 적이 있다.

국내에서도 많은 애견훈련사들이 따라 하기도 했고 지금도 열심히 하는 훈련사들이 있다.

무는 개들 또는 방문객에게 짖음이 심한 개들은 이런 행동을 보고 안정감을 찾기보다는 대상에 대한 경계심 또는 의심의 에너지가 훨씬 크게 작용하기 때문에 안정화는 쉽게 이루어지지 않는다.

지금 키우는 애견의 공격성이나 방문객(택배, 배달)에게 짖음이 심한 경우 시험을 해보기 바란다. 현관문을 열고 들어왔을 때 애견 앞에서 하품, 날숨을 쉬어 보라고 하자. 견주가 리드줄을 잡고 있지 않으면 아마 방문객은 큰 화를 당할 수도 있다.

5) 변 사부의 Point

카밍 시그널(calming signal)은 개의 감정적 상태를 읽는 정도, 알아보는 단계로 이해하자.

개의 감정적 상태의 표현방법을 흉내 내어 교육에 활용하겠다는 것의 실험과 의도는 좋다.

하지만 카밍 시그널의 대표적인 방식 의미가 수평적 관계, 위협적이지 않은 것, 스트레스를 주지 않기 위한 노력 등 사람이 대하는 개에게 낮추는 형식의 행동이다. 키우는 개를 이렇게 훈육하다 보면 때때로 나타날 수 있는 것이 바로 으르렁 하는 공격적 표현이다.

많은 분들이 상담 때 하는 질문이 잘 놀다가 갑자기 무는 예측 불허의 경우가 있다는 것이다. 이것은 개들끼리 놀다가 우두머리 또는 리더가 자기 지위를 다른 개들에게 확인시키는 행동으로 우두머리가 다른 개 등 위에 올라서거나 목 뒷덜미를 무는 행동 후 또 다시 무리지어 잘 어울리는 것을 확인할 수 있다.

이것은 무리 질서를 내가 통제하겠다는 표현이다.

상대견들이 대항하지 않는다면 그 순간 후 평화롭게 잘 지낸다.

이러한 행동이 가족에게 표현되어서는 안 된다.

이렇게 개 위주의 배려는 온순하며 순종적인 개들에게는 상관이 없지만, 자기표현력이 강한 개들에게는 잘못된 오해의 시그널로 이해할 수 있다.

가족의 배려적 행동이 개의 시각에서는 나보다 약자인가 하고 이해하면 문제가 생길 수 있다.

개의 교육은 알파독 개념의 교육 또는 누구의 방식 교육, 이런 것은 없다.

반려견이 교육은 대상견의 성격과 장단점을 분석하고 그 해당 견에게 맞는 맞춤식 교육을 하는 것이다.

고정화된 교육방식을 고수하며 가르치면 선생의 자기 한계를 스스로 선을 긋는 행동이다.

개들의 생태학적 또는 생리학적 특징을 그대로 받아들이지 못하고 교육에 있어 과대 포장하는 것 역시 경계해야 한다.

11
잘못 알고 있는 클리커 교육법

1 클리커의 유래

1990년대 필자가 애견훈련사로 입문할 때와는 비교할 수 없을 만큼 요즘은 다양한 교육방법들이 인터넷이라는 정보의 바다에서 쏟아지고 있다.

이제는 정보가 없는 것이 아니라 진짜와 가짜, 그리고 나에게 필요한 것과 필요 없는 것을 구분하여 정보를 활용함에 있어 필터링(filtering)이 필요한 시대가 되었다.

클리커(clicker)의 유래와 사용방법의 장점과 단점을 비교해 보고 이것을 사용했을 때 우리 반려견에게는 어떠한 영향을 미치는지에 대해 기술해 보도록 하겠다.

세계 2차 대전 이후 미국과 구(舊) 소련의 군비경쟁을 치열하게 전개해 나가던 그 시대에 더욱 은밀한 침투 작전을 위해 동물을 이용한 군사기술을 개발하기 시작했다.

당시 소련은 우크라이나 크림반도의 세바스토폴 흑해 함대 해군기지와 미국의 경우 캘리포니아 샌디에이고 해군기지가 있다. 적군의 해안 군사기밀 지역의 수중 제한 구역을 침투하여 폭발물 탐지 및 폭파훈련을 돌고래와 바다사자를 이용하여 교육하였으며 현재에도 운영되고 있는 비밀부대가 있다.

클리커와 휘슬(호루라기)을 이용한 이 군사 기술은 일정 수준 이상의 높은 지능을 가지고 있으며 인간에 대한 거부감이 다른 동물에 비해 덜하고 수중으로 은밀히 침투가 가능한 동물을 대상으로 개발된 군사 기술에서 출발하였다.

② 목적 강화물

돌고래와 바다사자를 수중 또는 수면에서 교육을 진행해야 하기 때문에 육지에서 하는 교육과는 다르게 스킨십을 이용해서 교육하고 교정하는 훈련에 한계가 드러난 것이다.

그래서 만들어진 것이 자발적 유도 교육법을 개발하게 된 것이다.

동작이 빠르고 통제권에서 쉽게 이탈할 수 있는 동물을 교육하는 것은 쉬운 것이 아니다.

그리하여 만들어진 방법이 교관이 요구하는 동작을 수행할 수 있도록 매개체 같은 또는 동기부여를 할 수 있는 지렛대가 필요하였고 교관의 지시에 요구하는 동작이 이루어지면 긍정적 신호와 함께 먹이가 규칙적으로 주어지는 것을 간파하고 교관이 원하는 행동을 찾아내는 학습 방법을 깨닫게 하는 교육법이다.

그 긍정적 신호를 주는 일체의 도구를 목적 강화물이라고 한다.

일반적으로 사용되는 도구가 클리커와 휘슬이다.

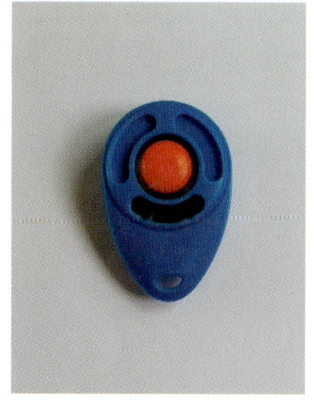
❋ 11-1 클리커

❋ 11-2 휘슬

동물이 교관의 원하는 동작을 행하면 신호음을 듣게 되고 먹이를 보상받는 훈련을 통해 구체적 동작 신호와 동작수행으로 발전시켜 나간다.

3 클리커와 애견 교육

클리커를 이용한 교육은 그 대상이 교육을 진행함에 있어 환경적 또는 신체적 접촉에 제한적 상황일 때 필요한 교육 도구이다.

즉 야생동물이 가까이 접촉하는 것을 기피하거나 낯가림이 심한 동물 또는 수중에서 살고 있기에 접촉이 제한적인 동물에게 적합한 교육방법이다.

애견 클리커 교육에 관한 번역 서적이 여러 권 출판된 것으로 알고 있다.

정확한 이해 및 정리를 위하여 실험 및 서적들의 탐독도 해보았다.

이 책들은 1960년대 미국의 샌디에이고 샌안토니오, 올랜도 등 지역에서 범고래와 돌고래 그리고 바다사자를 교육하고 쇼에 적용하여 상업적 형태의 비즈니스 모델로 발전하면서 파생된 또는 응용된 클리커의 애견교육법을 담고 있다.

클리커를 이용한 애견 교육은 지도수가 반려견을 잘 관찰하고 있다가 원하는 동작이 이루어질 때 클릭하고 먹이로 보상한다는 개념이다.

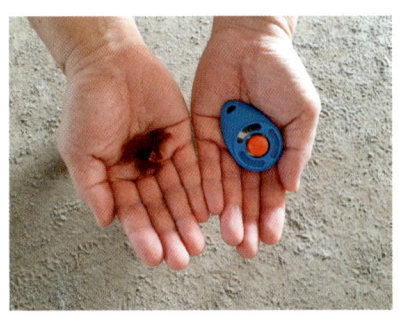

❖ 11-3 클리커 교육을 위한 먹이와 클리커

④ 클리커 애견 교육법의 예시

❖ 11-4 왼손에는 먹이 오른손에는 클리커를 잡고 견주가 원하는 동작이 행해질 때를 기다린다

❖ 11-5 개의 동작(앉아)이 이루어질 때 클릭한다

❖ 11-6 클릭 후 왼손의 먹이로 보상한다

⑤ 클리커 교육을 추천하는 분들, 그것이 최선입니까?

 클리커를 이용한 교육법을 추천하는 분들의 이유가 강압적이지 않고 긍정적 조건을 형성하며, 돌고래에 적용할 때 행동을 이끌어내는 결정적 요인이 먹이의 보상이 아닌 휘슬(호루라기) 소리를 듣기 위한 강화 훈련이라고 한다. (물론 개에게도 같은 적용을 말한다.)
 클리커를 반려견 교육에 사용을 적극적으로 권장하는 분들의 주장은 다음과 같다.

① 외국의 클리커 교육 서적뿐만 아니라 국내 애견훈련사 중 일부가 추천하는 이유를 보면, 개에게 요구하는 동작을 일으킬 때 결정적인 요인이 먹이의 보상이 아니라 소리를 듣기 위한 강화물(클리커, 호루라기)에 있다고 주장한다.

그리고 훈련사가 확인 신호(클릭소리) 없이 먹이만을 활용하면 항상 음식물에만 집중할 수 있다고 한다.

② 클리커 교육서적에서는 훈련사의 원하는 동작을 동물이 행동할 때 클리커가 아닌 사람의 칭찬 목소리로 하는 것에 대해서는 동작 순간을 포착하기 힘들고, 음성 신호는 주위의 다른 사람 소리에 의해 개의 인식 및 이해가 어렵다고 설명한다.

③ 그리고 견주가 요구하는 동작이 "앉아"라면 그 동작이 일어날 때까지 인내심을 가지고 기다리라고 한다.

엎드려 동작은 먹이를 땅바닥으로 가져가면 엎드린다. 그리고 클릭하고 먹이 보상을 한다.

④ 콜(call, 부르는 교육) 교육인 "이리 와"는 개와 떨어져 있는 상태에서 개를 부른다.

개가 오면 클릭하고 먹이 보상을 한다고 한다.

6) 클리커 교육 하지 마세요!

5)-①에서 클리커를 추천하는 분들은 개를 우리가 원하는 동작을 수행하게 하는 것은 먹이 보상이 아니라 클리커 소리를 듣기 위한 목적 강화물에 있다고 한다.

그러나 이 교육의 유래라고 할 수 있는 돌고래 및 범고래의 교육을 보면 동작 수행 후 계속해서 입에다 먹이를 넣어준다.

동영상 사이트에 '씨월드 범고래 쇼'를 검색해 보면 범고래의 동작 수행 후 계속적으로 먹이를 주는 것을 확인할 수 있다.

동물들은 원초적인 본능 중 하나인 식욕에 강하게 끌림을 가질 수밖에 없다.

5)-①에서 클릭 소리 없이 먹이만을 교육에 이용하면 항상 음식물에만 집중할 수 있다고 한다. 하지만 이것은 극복할 수 있다.

개는 접촉성 동물이다.

어미견 배 속에서도 여러 형제견과 함께 있었고 태어나서도 밀착된 생활을 하며 강아지 때부터 접촉을 통해 상태를 알아간다.

결론은 먹이 먹는 것에서 끝이 아니라 견주와 교감하고 따르는 형태로 발전시켜 나가면 5)-①에서 말하는 문제는 문제가 될 수 없다.

5)-②에서 주장하는 내용에 순간적 포착이 어렵다고 하지만, 견주와 함께 달리기를 하고 있지 않는 한 정지 상태에서 반려견의 움직임은 알아볼 수 있다.

다른 사람들이 주위에서 떠들어도 낯선 타인이라면 그 소음에 집중하기보다 견주의 행동에 개들은 더 귀 기울인다.

필자가 손가락 하나로 클리커라는 도구 없이 효율적이며 단순한 형태의 교육법의 예를 들어 보겠다.

❀ 11-7 클리커 없이(앉아) 교육 사진 1

검지손가락을 편 주먹 안에 먹이를 잡고 그것을 개의 코 가까이 갔다가 견주의 가슴 위로 끌어올린다. 그러면 개의 시각은 위를 올려본다. 개의 신체적 구조상 올려보면 뒷다리에 압박이 따르므로 자연스럽게 앉게 된다. 이때, "앉아"라는 명령어와 함께 앉게 되면 칭찬과 함께 먹이로 보상한다. 이 동작을 계속해서 반복하면 "앉아"라는 교육이 되는 것이다.

🐾 11-8 클리커 없이(엎드려) 교육 사진 2

사진 11-8 속 필자의 손 안쪽에는 먹이가 있고 훈련견이 그 냄새로 주먹 안에 음식물을 인지하게끔 훈련견 코 가까이 손이 가면 냄새를 알아차린다.

이때 검지를 펴고 땅바닥 아래로 검지가 내려가면 훈련견의 시선이 손가락 지시 방향을 따라 바닥에 엎드리게 된다. 그와 동시에 "엎드려"라는 명령어를 지시하고 먹이로 보상한다.

사진 11-8에서 설명하듯 견주가 원하는 동작의 순간을 포착하고 클리커로 신호하고 하는 번거로운 방식의 교육법이 아니라 도구 없이 간단히 먹이와 견주, 훈련견과의 교감만 있다면 특정한 사안이 아닌 이상 간단히

동작 인지 교육을 진행할 수 있다.

5)-③의 내용에 "앉아"는 인내심을 가지고 동작을 일으킬 때까지 기다리고, "엎드려"는 먹이로 유인해서 엎드리게 한 후 클리커를 사용하라는데 사진 11-8에서 필자의 설명처럼 먹이로 하면 쉽게 배울 수 있고 동작 후 클리커를 사용할 것이 아니라 동작 시 "앉아"나 "엎드려"의 음성신호와 함께 먹이 보상과 칭찬 그리고 쓰다듬기면 충분한 긍정적 학습을 진행할 수가 있다. 만약 동작이 이루어질 때 클리커라는 목적 강화물을 쓰게 되면 그 클리커 원리를 훈련견이 이해하는 데도 시간이 소요되고 그리고 난 뒤 또다시 훈련견이 "앉아", "엎드려" 같은 행동을 견주가 지시할 때 다시 클리커가 아닌 "앉아", "엎드려"의 음성 명령어를 다시 배워야 하는 이중의 번거로움이 발생한다.

5)-④에서도 "이리 와" 교육 시 멀리서 부르고 훈련견이 오면 클리커로 클릭하고 먹이 보상을 할 것이 아니라 "이리 와" 명령 후 견주 가까이 오면 먹이로 보상하고 클리커를 사용하지 않는다. 칭찬("옳지~" 또는 "잘했어")과 함께 접촉성 동물의 특성을 활용하여 훈련견의 몸을 쓰다듬어 주거나 몸을 토닥여 주는 것이야말로 최고의 목적 강화물이다. 그리고 클리커를 배제하고 명령어를 처음부터 학습하기에 빠르게 동작을 습득할 수 있다.

클리커는 야생동물에게 적합한 훈련 도구이며 개에게 적용할 시에는 겁이 너무 많은 강아지, 학대당한 개의 사람을 경계할 때, 분리불안 등 특수한 경우를 비롯하여 사람과의 접촉을 불편해하는 개들에게는 활용할 수 있다. 그 외 대부분의 정상적인 개들에게는 필요하지가 않다. 칭찬은 고래도 춤추게 한다는 말이 있다.

우리 반려견에게 교육의 목적 강화물은 클리커가 아니라 칭찬과 먹이 그리고 스킨십(쓰다듬기, 토닥임)으로 훨씬 강력한 교육성과를 춤추게 할 수 있다.

때로는 장비의 힘보다 단순한(simple) 것이 명쾌한 답이 될 때가 있다.

그렇기 때문에 일을 대할 때 그 본질을 제대로 꿰뚫어 보는 안목을 키울 수 있도록 우리는 노력해야겠다.

12
변상우의
행동반응 법칙

1 행동반응 법칙의 정의

　개는 외부적인 환경 변화의 어떠한 이유로 짖음이나 몸짓으로 경계 또는 위협 그리고 반가움을 표현하게 된다.
　개의 시각에서는 환경변화를 감지 후 먼저 행동하고 상대의 반응을 본 다음, 그다음 행동을 준비한다는 특성이 있다. 이것을 긍정적 교육에 응용하기 위해 필자가 행동반응 법칙이라 정의하였다.
　개는 짖음과 몸짓으로 자기의 감정을 표현한다.
　외부 환경의 변화를 먼저 발견하고 개는 자신의 표현을 통해 상대의 움직임을 확인하고 그것에 따라 긍정적 태도 또는 부정적 태도로 나누어 다음 행동을 결정한다.
　그렇기 때문에 개 스스로의 행동은 상대편 또는 사물의 움직임을 항상 주시한다는 것이다. 그 이유는 만 년 전 그 이상 시대에 가축화되기 전 사냥물 포획을 위한 기민한 행동 습성이 본능에 의해 오늘날에까지 이어져 소리나 외부 움직임에 예민하게 반응하는 것이다.
　이러한 행동 성향은 특히 실내 생활하는 반려견에게 적절한 교육을 병행하지 않으면 짖음 등 여러 문제점이 발생할 수도 있다.
　본능적 습성을 가진 반려견에게 주거 공간을 지켜야 한다. 또는 가족을 보호해야 한다는 개념이거나, 반려견이 자기편의적 우선주의의 영역화가 되지 않도록 주의가 필요하다. 이러한 생각으로 반려견이 실내 생활을 한다면 짖음 또는 으르렁거림 및 공격 등으로 이웃과 가족에게 직접적으로 불편함과 위협을 가할 수도 있다.

② 고전적 조건 형성

파블로프의 개로 유명한 러시아 생리학자 파블로프(Ivan Petrovich Pavlov, 1849~1936)는 고전적 조건 형성에 관해 1902년 침샘 연구 과정에서 사육사의 급식시간 움직이는 발걸음 소리에 침 흘리는 개들을 보고 힌트를 얻어 실험하였다.

유명한 파블로프의 고전적 조건 형성을 포라우스 독일 애견훈련소에서 조건화하여 실제로 적용하였고 실험하였다. 실험에 참가한 개는 종소리를 들으며 급식을 반복학습한 후 사료의 급식 없이 종소리만으로도 침을 흘리는 것을 조건화에 따른 학습 결과를 확인할 수 있었다.

🐾 12-1 먹이를 급식할 때 종을 쳐 반복학습 실시

❋ 12-2   ❋ 12-3

먹이와 함께 종소리의 반복학습 후, 종소리만으로 혀로 침을 닦는 모습

③ 행동반응 법칙의 기본 교육방법 이해

　행동반응 법칙은 반려견의 상황 대처 능력을 키우고 견주가 원하는 올바른 행동을 학습하기 위한 교육법으로 강압적이지 않으며 스스로 행동하도록 유도하는 긍정적 교육 훈련법이다.

　애견훈련사분들은 이 말이 무슨 뜻인지를 쉽게 이해할 것이다.

　애견훈련사들이 교육을 진행할 때 칭찬이나 먹이를 이용해서 원하는 동작을 이끌어낸다. 그러나 필자는 좀 더 정확한 원리에 대한 구체적인 실험을 통해 사실을 증명하였고 이를 바탕으로 애견훈련사를 지망하는 견습 훈련사 또는 반려견 견주분들에게 학습 자료로 활용되기를 바라며 행동반응 법칙이라 명명하였다.

행동반응 법칙을 제대로 이해한다면 클리커(clicker) 교육법은 특정한 소수의 개들을 제외한 일반적인 개들에게는 필요가 없음을 이해하게 된다.

파블로프의 조건형성에 관한 개 실험은 음식물을 앞에 두고 종소리와 함께 먹이에 대한 후각과 시각적 욕구를 자극하고 활성화시켜 반복적 학습을 실시하여 종을 치는 것만으로도 침을 흘리는 반사적 행동이 일어나는 고전적 조건 형성 실험이다.

이에 반해 행동반응 법칙은 개에게 견주가 요구하는 동작을 유도하고 그 동작이 이루어지면 칭찬과 함께 먹이 보상이 이루어지는 방법으로 개에게 스스로 행동하게 하고 그 과정을 깨닫게 하는 긍정적 학습 방법이다.

파블로프의 개 실험은 외부 자극에 반응하는 모습을 종으로 확인하였다면, 행동반응 법칙은 종을 치는 것이 사람이 아니라 개 스스로(자발적)가 종을 치고 그에 따라 절차적 행동에 따른 긍정적 보상을 받는다는 것으로 그 예를 들어 보도록 하겠다.

✿ 12-4 훈련견에게 종 방향으로 가도록 지시하는 모습

🐾 12-5 지도수의 명령 후 종을 향해 다가가는 훈련견

🐾 12-6 지시적 유도에 개가 종에 접근하여 주둥이로 종을 치는 모습

❉ 12-7 종을 친 후 지도수에게 되돌아와 행동에 따른 물질적 보상을 기다림

❉ 12-8 견주가 원하는 행동을 한 후 보상으로 목적물인 먹이를 먹는 모습

    행동반응 법칙은 사진에서 보듯이 개가 원하는 목적물인 먹이를 얻기 위해 절차상 수단으로 종을 치는 행동을 하게 유도하고 먹이 보상을 받는다는 것을 깨닫도록 하는 교육방법론이다. 원초적 본능의 세계에 머물러 있는 개의 습성 중 식욕이라는 욕구를 자극하여 애견훈련사 또는 견주가 원하는 동작을 반복하여 명령어에 반사적으로 또는 환경변화에 따른 약속 행동을 자동적으로 수행하도록 학습하는 것으로 강제적이지 않으며 개에게 자발적 행동을 이끌어낸다.

[행동반응 법칙의 응용 방법의 예]

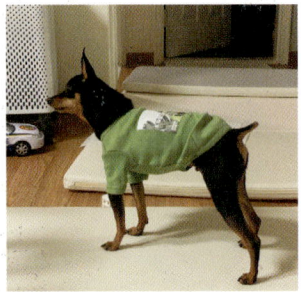

❁ 12-9 반려견이 초인종 또는 인기척으로 현관문 밖 변화 감지

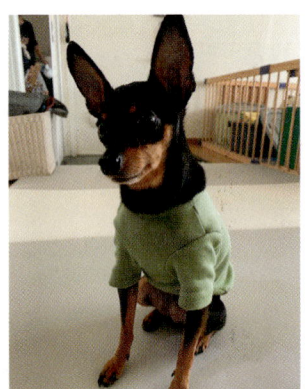

❁ 12-10 현관문 밖 변화 감지 후 견주가 유도한 장소로 이동 후 대기

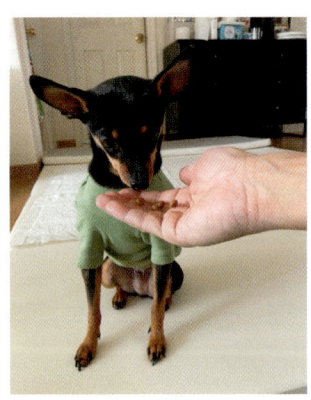

❁ 12-11 동작 수행 후 먹이와 칭찬으로 보상하여 행동의 규칙성 강화

강아지 때부터 교육하면 무리 없이 현관문 출입자 및 현관문 밖의 변화에 짖음 없이 대응하는 교육이 될 수 있다.

이 방법은 개가 외부 움직임을 감지하면 경계 본능에 의해 짖는 것이 당연함에도 불구하고 그 본능을 환경적 조작을 통해 짖음이 아닌 위치 이동의 운동에너지로 그 행동을 대체하는 것이다. 위치 이동에 따른 교육도구로 방석이나 케이지를 활용할 수 있다.

이러한 방법으로 교육하면 일부 애견훈련사들은 개들이 힘들어한다며 케이지에 가두지 말라고 한다. 그러나 강아지 때부터 학습화하면 다 자란 후에도 스트레스 없이 케이지 안으로 들어가는 것에 거부반응을 표현하지 않는다.

변 사부의 한마디

파블로프의 고전적 조건 형성이 단순히 식욕을 자극한 생리적 현상을 실험하는 수동적 형태라면 필자의 행동반응 법칙은 견주가 원하는 행동을 개가 자발적으로 하도록 하는 능동적 학습 형태를 말한다.

행동반응 법칙을 응용하면 산책 시 차분히 걷기, 외부에 대한 흥분 자제, 오래 기다리기, 케이지 들어가기 등 다양한 곳에서 응용이 가능하다.

13
터그(Tug) 놀이의 잘못된 이해와 그 위험성

① 터그는 놀이용 장난감이 아니다

개 훈련 용품인 터그는 말 그대로 잡아당기고 끌고 흔드는 용도의 훈련 도구이다.

🐾 13-1 필자가 직접 제작한 터그

터그는 독일에서 최초로 만들어졌으며 처음에는 헝겊이나 천으로 활용하다가 교육 훈련 중 휴대의 편리성과 즉각적인 사용을 위해 오늘날의 형태로 작게 만들어졌다.

🐾 13-2 교육을 위해 허리춤에 꽂아둔 터그

터그는 개들의 특성을 관찰하여 교육훈련에 적용한 것으로 그 교육의 대상견으로 세퍼트, 벨지안 마리노이즈, 롯트 바일리, 리트리버 등 경비견, 경찰견, 마약 탐지견, 구조견 등을 대상으로 강아지 때부터 2년 이상의 교육 기간을 진행한다. 터그를 이용하여 강한 소유욕을 자극하고 증대시키며 그리고 보상 및 물품 운반에 적극성을 배가시키기 위한 훈련 도구로 사용하였다.

❖ 13-3 터그를 끌어올려도 놓지 않는 강아지

❖ 13-4 하나의 터그를 가지고 경쟁하는 강아지들

2) 터그의 위험성

일반 가정에서 반려견에게 터그(Tug) 놀이를 하면 안 되는 이유는 다음과 같다.

먼저 터그 놀이를 이해하려면 슈츠훈트(Schutzhund, 경찰견 훈련과 비슷함)라는 독일의 사역견 훈련을 조금 들여다보아야 한다.

슈츠훈트는 경찰견이나 군견에 필요한 교육이 함축되어 있다.

이러한 임무 수행을 위해서는 강아지 때부터 물품 운반의 적극성과 소유욕이 강한 자견을 선발하여 2년 이상의 교육과정을 수료한다.

이 교육의 가장 기본이 되면서도 중요한 것이 터그와 같은 물건에 대한 강한 투쟁적 소유욕이다.

터그는 개들의 사냥 본능과 사냥을 포획하는 과정에서 물고 뜯고 흔들며 잡아끄는 동작을 똑같이 하게 된다.

❈ 13-5 터그를 뒤로 끌고 가는 훈련견　　❈ 13-6 순간 달려들어 터그를 뺏는 훈련견

요즘 TV나 동영상 사이트에서 많은 국내 애견훈련사들이 반려견의 스트레스 해소와 놀이를 위해 터그의 활용을 추천하는데 이것은 매우 위험한 생각이다.

이것을 추천하는 것은 우리나라에 10여 년 전 유럽훈련사 초청 세미나로 국내 소개된 I.P.O(International prüfung Ordnung)라는 훈련경기

대회의 규정을 훈련하는 과정에 쓰이는 터그 사용법을 보고 개와 훈련사가 함께 놀이를 하는 것으로만 이해하지 않았나 추측한다.

슈츠훈트 훈련(I.P.O 포함)은 터그를 이용하여 강한 본능적 특성을 끌어내는 하나의 훈련 도구이다. 교육 훈련에 터그를 활용하면 훈련견의 즐거움도 있지만 흥분감이 고조되고 거칠어지기도 한다.

그렇기 때문에 훈련사는 복종훈련을 명확히 하여 훈련견에게 터그를 놓을 때와 물고 흔드는 상황에 따라 훈련사의 명령어에 정확히 따르는 교육이 선행되어야 한다.

훈련사가 터그를 이용해서 훈련견을 집중하게 하고 흥분과 즐거움을 자극하여 의욕을 극대화하지만, 훈련사에 의해 감정 조절 및 절제된 간결한 훈련 동작으로 마무리한다.

하지만 일반 가정에서 수건이나 터그를 이용하여 물고 흔들기, 당기기를 견주와 한다는 것은 위험한 행동이 될 수 있다.

테리어 그룹이나 경비견 또는 사냥견과 그 믹스견 그리고 기타 견종들이 수건 또는 터그 같은 것을 이용하여 물고 당기기를 견주와 함께 하는 것은 개에게 잠재되어 있던 야성을 자극하고 강화시키는 위험한 행동이 될 수 있다.

계속해서 터그를 이용해서 놀아주다 보면 나타나는 행동 중 하나가 으르렁거리는 것이다.

이 소리는 견주에게 "내 거야. 빨리 내 놔"라고 경고하는 압박의 신호음이다.

대부분의 가정에서는 이 상황에서 반려견이 터그를 뺏고 또는 견주가 그냥 터그를 놓아주는 것으로 놀이가 끝날 것이다.

반려견에게 자극을 주고 놀이에서 승자가 되는 학습을 해주는 것이다.

터그와 함께 놀아주다가 흥분이 된 상태에서 견주의 명령어 "놔!"로 바로 터그를 놓지 않으면 하지 않는 것이 바람직하다.

반려견에게 터그 놀이는 쉽게 흥분하는 개 또는 사나워지는 개가 되도록 자극할 수 있다.

어떤 분들은 이럴 수도 있을 것이다. "그렇게 해도 우리 개는 물지 않아요"라고 하지만 잘못된 길로 가는 과정에 있을 수도 있고 가족에게는 별문제 없으나 현관문 밖 소리에 예민해지거나 산책 도중 타인이나 다른 동물에게 심하게 짖고 위협하는 등 다양한 형태로 발전할 수도 있다.

그뿐만 아니라 이러한 터그 놀이의 흥분된 에너지의 누적은 자기중심적 생각이 자리 잡고 고집이 생기는 등 여러 부작용이 발생할 수 있다.

3) 터그 아닌 다른 놀이 방법

터그 놀이의 대안으로는 새로운 놀이를 통한 운동 방법으로 바꾸는 것이다.

기존 터그를 이용한 물고 당기기를 하면서 거친 흥분을 유발하였다면, 이제부터는 운반 능력을 키워 공이나 장난감을 가지고 견주와 함께 던져주기와 가져오기를 하면서 운동을 극대화시켜준다.

❖ 13-7 공놀이하는 강아지

❖ 13-8 장난감 물어오기

　공이나 장난감을 이용한 놀이는 견주와 반려견이 함께 하는 것으로 공을 가져오면 앉게 하고 던져주기를 함으로써 복종훈련과 운동을 겸해서 할 수 있고 그리고 반려견이 즐거운 에너지를 발산하여 스트레스도 해소함으로써 견주와 교감 형성에도 도움이 된다.

변 사부의 한마디

　터그(Tug)는 공격훈련을 필요하거나 고등훈련견 이상의 사역견에게 필요한 훈련 도구이며, 훈련견에게 강한 자극을 주기 때문에 훈련기술이 없는 일반인이나 통제가 쉽지 않은 반려견에게는 적합하지 않다.
　필자가 애견훈련소에서 무는 견들을 대상으로 상담을 해보면 많은 개들이 집이나 운동장에서 터그 또는 헝겊, 수건 등으로 물고 흔드는 놀이를 함께 한다는 것을 많이 확인할 수 있었다.

　애견훈련사나 유사업종 종사자들 중 일부는 TV 또는 동영상 사이트를 통해 터그라는 훈련도구를 장난감으로 이해하고 새로운 놀이 방식이라며 소개하는 것을 보았는데, 그 교육방식과 훈련 도구에 대한 올바른 공부가 반드시 필요해 보였다.

　내공이 부족한 사람들이 이런 터그를 함부로 놀이 도구로 추천하는 것은 반려견을 문제견으로 성장하게 하는 위험성이 숨어 있으며 무면허 운전자에게 운전을 권하는 행동이 될 수 있음을 명심해야 한다.

　터그의 위해성을 잘 이해하고 가정견에게는 사용하지 않도록 주의가 필요하다.

14

애견훈련소 또는 가정방문 훈련

① 애견 교육의 중요성

강아지 때 만들어진 버릇은 빠르게 습관이 되고, 그 누적된 행동이 불과 2~3개월만 지나가도 행동을 바꾸는 교육은 많은 노력을 필요로 한다.

그 이유는 강아지의 빠른 육체 성장은 약육강식의 세계에서 살아남기 위한 생존 본능에 의한 것으로 그와 더불어 같은 시기에 체험은 빠른 학습이 되고 생존방식으로 뇌에 자리 잡기 때문이다.

강아지의 행동이 올바른 방향으로 가기 위해서는 입양 초기부터 잘못은 지적하고 바른 행동은 칭찬하며 교육을 우리가 원하는 방향으로 행동하도록 유도해야 한다.

그러나 일부 견주들이 서툴거나 아니면 통제하기가 버거운 반려견일 경우는 반드시 애견훈련소에 의뢰하여 문제를 해결해야만 한다.

그렇지 않으면 개의 수명이 대략 15년 전후이기 때문에 그 긴 세월을 견주와 개가 함께 힘든 시간을 보내기엔 불편함과 고통이 너무 크다.

그리고 이웃과의 마찰도 일어날 수 있기 때문에 반려견의 문제적 행동은 전문가의 도움을 받아 초기에 바로잡아 불편함을 해결하는 것이 현명하다.

② 가정방문 훈련

애견훈련사가 의뢰받은 가정에 직접 방문하여 문제행동견을 교육하는 시스템이다. TV 방송으로 많이 알려져 반려견 가정에서는 매우 익숙한 교육방법일 것이다. 애견훈련사가 방문하는 편리성은 있으나 시간제한으로 성과가 바로 나오기는 쉽지 않다.

(3) 애견훈련소 위탁 교육

애견훈련소는 일반 가정견 및 기업체 경비견에 이르기까지 다양한 형태의 의뢰를 받아 일정 기간 훈련소에서 입소 및 합숙훈련을 하게 된다.

규칙적인 생활을 하고 매일 교육을 진행하면서 새로운 행동양식을 충분한 시간을 가지고 체계적으로 배우는 것을 말한다.

(4) 어느 것이 더 나은 교육방법인가요?

일반인들이 훈련의 성과를 두고 애견훈련소 위탁 훈련과 가정방문 훈련 중에 어느 것이 더 효과가 있는지를 질문하는 경우가 많다.

방문 훈련을 주로 하는 애견훈련사들이 말하는 추천의 이유를 '보는 앞에서 하니 안심할 수 있다', '문제의 공간에서 진행하기 때문에 효과적이다' 라고 설명을 한다.

그리고 애견훈련소 위탁 교육은 계획된 기간 동안 훈련소에서 숙식을 하면서 진행되는 합숙 훈련이다. 새로운 행동 양식을 계속적으로 반복하여 숙달하는 것으로 많은 훈련량을 제공한다.

우리가 가정에서 반려견과 생활하다 보면 초기에는 잘못된 행동이라 할지라도 크게 생각하지 않고 지나가기 쉽다. 문제적 행동이 누적되어 가족이 힘들어지거나 아니면 이웃의 항의를 받고서야 비로소 깨닫는 경우가 많다.

이렇게 대부분은 문제적 행동의 초기에 바로 교육을 의뢰하기보다 일정 기간이 흐른 후에 해결 방법을 찾는다는 것이다.

훈련 상담을 진행해 보면 반려견 스스로에게도 문제가 있지만, 가정 내 무질서함과 견주의 행동에도 문제를 일으키는 잘못된 대처방식이 있었다.

한 가지의 문제로 의뢰를 했다 하더라도, 문제의 유형을 깊이 있게 들여다보면 다른 행동에서도 문제점을 찾아내는 경우가 많다. 이 말은 어느 반려견의 문제적 행동은 전반적인 생활에 규칙이 잘못되었거나 아니면 한 가지의 문제로 인해서 다른 부분의 행동에도 좋지 못한 영향을 줄 수도 있다는 것이다.

버릇이란, 거듭된 행동이 시간 누적의 결과물로 어떠한 상황이 전개되면 무의식적으로 하는 행동을 말한다.

방문 훈련을 의뢰하는 많은 견주분들은 본인의 반려견이 교육을 통해 1~2시간 안에 바뀌길 기대하는 경우가 많다.

물론 TV의 영향도 있을 것이다.

TV는 제한된 시간에 축약된 것을 보여주는 것이며, 출연견에 한정된 내용임을 알아야 한다.

짧은 시간 내에 교육의 효과를 나타내는 것은 정신적, 신체적 보이지 않는 압박에 따른 반려견이 심리적으로 또는 육체적으로 놀라거나 애견훈련사의 영향에 의한 행동의 위축을 들 수 있다. 물론 가벼운 문제 등은 효과를 즉시 볼 수도 있지만 올바르게 계속 유지하려면 교육을 꾸준히 진행해야만 한다.

사람도 한번 만들어진 습관은 잘 고쳐지지가 않는다.

하물며 말 못하는 원초적 본능을 가진 동물을 한 시간 내외에서 나쁜 버릇을 바꾸겠다고 의뢰하는 견주는 욕심을 내는 것이며, 그것을 고친다는 애견훈련사는 매우 위험한 생각이다.

반려견의 문제적 행동을 한번에 고치겠다는 생각은 개라는 동물을 제대로 이해하지 못하고 인간의 이기적이며 편의적 사고방식에서 출발한 것으로 먼저 해야 할 것은 이러한 우리의 생각을 고치는 것이다.

가정방문 훈련은 애견훈련사를 초빙하여 1~2시간에 교육 결과를 내는 방식이 아니라, 가정에서 반려견과 견주가 애견훈련사에게 교육을 받고 본인이 직접 반려견과 문제적 행동을 고쳐 나가는 것으로 진행해야만 한다. 애견훈련사가 오랜 기간 동안 매일 가정에 방문하여 교육을 진행하면 좋겠지만 비용 및 시간문제로 쉽게 할 수 있는 과목은 아니다.

그리고 이렇게 견주가 배워 진행하더라도 그 문제적 행동이 초기일 때가 효과적이며, 만약 가족을 문 경험이 있거나 타인에게 위협적인(문 경험 포함) 행동을 한 개, 짖음이 심하고 흥분을 쉽게 하는 개들은 이러한 방법으로는 해결하기 어렵다. 이 경우에는 전문 애견훈련소에 위탁 의뢰하는 것이 바람직하다.

반려견 교육은 계속적인 반복학습이 중요하다. 그뿐만 아니라 전문가에 의해 지도를 받을 때 올바른 성과를 기대할 수 있다. 일반인들이 애견훈련소에 문의할 때 가장 머뭇하는 것 중 하나는 사안에 따라 몇 개월간의 교육기간이 발생할 때 떨어져야 하는 상황이다. 그러나 대부분이 문제적 행동 및 예절 교육은 많은 시간을 필요로 한다. 말 못하는 동물을 사람의 요구 및 필요로 하는 동작을 배우는 데는 시간과 정성이 들어간다.

애견훈련소를 선택할 때는 대표자의 경력 상황을 확인할 필요가 있다.

화려한 것은 필요 없다. 그러나 되도록이면 10년 이상의 경험을 가진 선생님을 권한다.

언론에 많이 노출된 곳을 무조건 찾는 것이 때론 '명불허당'일 수도 있다는 것이다.

애견훈련소 입소 교육은 먼저 애견훈련사에 의해 반려견이 동작을 이해하고 습관화하는 습득 과정이 중요하다. 그 후 견주 학습을 진행하여 가정에 복귀 후에 일어날지 모를 문제적 행동에 대한 학습 요령과 지도 방법을 배워 대처할 수 있도록 해야 한다.

교육을 수료한 개들은 로봇이 아니다. 가정에 복귀한 후 함께 복습하고 생활 속에서 활용하지 않는다면 행동은 차츰 퇴화되어 갈 것이다.

우리 사회의 특징 중 하나가 빨리 빨리 문화이다. 물론 일장일단(一長一短)이 있다.

변화가 빠른 시대에 더 빨리 하려 하고 쉽게 결과를 얻으려 해서는 안 되는 분야들이 있다.

그중에는 교육도 포함이 된다.

사람의 교육도 과정과 노력의 시간이 중요하듯이 반려견의 경우도 말 못하는 동물을 교육하는 것은 때론 본능을 억제해야 하며 전혀 다른 의식을 만들어가야 하는 작업이다.

애견 교육에는 과정을 중요시해야 하고 많은 시간을 교육에 쏟아야 한다.

변 사부의 Tip

반려견을 애견훈련소에 교육의뢰할 때 많은 반려견들이 문제적 행동을 오랜 기간 동안 지속적으로 반복하였거나 늦은 후에 상담하는 경우가 있다.

이럴 경우 지도하는 훈련사 그리고 반려견 모두 고생이 뒤따른다. 그러므로 반려견의 교육은 생후 4개월에서 5개월 전후가 적합하다.

이 시기는 반려견이 교육을 받아들이는 데 거부반응이 적고 학습능률 및 성과도도 올라가기 때문에 이 개월령에 교육을 추천한다.

강아지 때 너무 활발하거나 아니면 너무 소극적 이라면 교육과정을 한번 고려해 보아야 한다.

반려견이 애견훈련소 교육을 통해서 올바른 예절교육과 행동양식을 배워 차후에 일어날지 모를 행동적 문제를 사전에 차단하고 15년 전후의 생(生)을 살아가는데 사람의 언어와 행동양식을 조금이라도 이해하고 따르게 하는 것이 견주와 반려견 모두에게 생활의 편리와 행복을 증진하는 데 일조할 것이다.

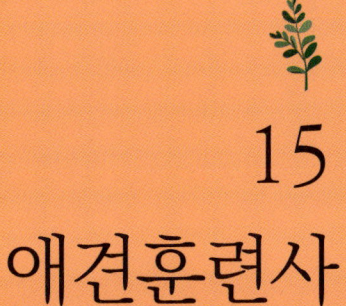

15
애견훈련사

현재 애견훈련사 자격은 한국애견협회와 한국애견연맹에서 주관하는 자격증을 말한다. 등급에 따라 3급, 2급, 1급으로 구분한다.

그리고 2022년 이후부터는 국가 공인 자격증으로 전환될 예정이다.

그런데 요즘 자격 미달의 개인 업체의 자격증 남발이 문제가 되고 있다.

인터넷 수강과 몇 차례 실습을 하면 취득할 수 있다는 광고로 유사한 형태의 행동교정 전문가라는 사립업체의 자격증 발급을 하여 수익 창출을 하고 있는 곳도 있다.

필자의 애견훈련소에 애견훈련사로 취직을 원한다며 방문한 20대 청년이 있었다.

그는 유경험자이며 자격증을 보유하고 있다고 했다.

훈련견 한 마리를 내어주고 훈련사의 실력을 평가하기 위해 교육을 주문하였다. 그러나 그는 당황해하며 훈련견을 제대로 리드하지 못했다. 짧은 기간 쉽게 취득한 유사 행동교정 전문가라는 타이틀을 믿고 있는 것이었다. 필자에게 호되게 야단을 맞은 경우가 있었다.

정식 애견훈련사가 되는 것은 최소 3년 정도의 경력을 필요로 한다. 그 또한 걸음마 단계의 초보 단계인 것을 알아야 한다.

유사업체의 자격증은 짧은 기간 빠르게 취득할 수 있다는 유혹에 빠져 쉽게 돈을 벌고자 하는 사람, 또는 애견 관련 시설업을 하면서 전문가 행세가 득이 된다고 생각하는 사람들이 쉽게 접근한다.

경우에 따라서는 훈련경기 대회 준비견, 경찰견, 방위견의 교육은 2년 이상의 시간이 필요로 한다. 전문 훈련견의 교육과정보다 전문가의 경력이 짧아서야 되겠는가. 짧은 기간에 자격을 취득하는 것은 자격증의 의미보다 부족한 경험에 불과하다.

 문제의 유형이 같아 보여도 성격과 환경 등 다양한 경우의 수에 따라 교육법이 달라진다.

 그런데 이런 다양한 조건의 문제적 행동을 커버하는 데는 애견훈련사가 많은 시간을 공부하고 노력하는 데서 나타나는 기술이다.

 모든 일에는 단계라는 것이 있다. 애견훈련사 수련과정은 기간이 길고 때로는 위험하며 지루하다고 느낄 때도 있고 다양한 어려움을 겪으면서 인내심을 시험받게 된다.

 기본이 무섭다. 결정적일 때 그 기본이 힘을 발휘한다.

 몇 년이 걸리는 훈련사 수련 과정을 요즘 견습 훈련생들은 기본기를 배우려 하기보다는 기술만을 가르쳐달라고 하는 경우가 많다.

 1990년대 입문한 훈련사들은 알 것이다. 개똥 치우기 3년이라는 말을 듣고 견습 훈련생으로 입문하였다. 애견 교육은 교육만이 중요한 것이 아니고 건강관리, 급식, 운동에 이르기까지 다양한 것들을 이해하고 그 속에 존재하고 있는 위험성을 사전에 인지 및 안전을 확보하는 관리능력을 키워야 하며 이러한 것이 바탕이 되어야 애견 교육을 진행할 준비가 되었다고 할 수 있다.

 어느 유명 셰프가 입문생에게 설거지와 감자, 양파 깎기를 몇 년 시키면 다 도망간다. 라고 한 말이 인상적이었다.

 필자는 호기심 많고 혈기 넘치는 어린 청년들에게 되도록 이 일을 추천하지 않는다.

말 못 하는 살아 있는 동물을 가르치고 관리해야 하는 일이기 때문에 자기 시간이 많지 않다.

반려견이 행동에 문제가 있거나, 기본예절 교육을 진행하더라도 그 스트레스를 모두 지도하는 애견훈련사가 다 받아주어야 한다. 매일매일 반복된 생활은 사람을 육체적 그리고 정신적으로 쉽게 지치게 한다. 그렇기 때문에 기술을 배우는 것 못지않게 자신을 잘 다스려야 교육의 성과도 올라가고 직업인으로서도 낙오하지 않는다. 특히 정신적 휴식을 위해 자신을 배려해야 한다.

개를 좋아한다면 한 마리 키우면서 함께 여행 다니는 때가 좋은 것이다. 필자도 개가 좋아서 이 일을 시작했고 무수히 많은 힘든 우여곡절이 있었지만 그 상황에 굴복하기 싫어 버틴 것이 오늘날까지 오게 된 것일 수도 있다.

좋아하는 일을 하라는 말이 있다. 물론 업종에 따라 그것이 맞을 수도 있다. 그러나 애견훈련사는 필자가 오랜 경험을 해 보니 너무 힘든 일이더라. 그냥 사랑만 할 것을.

노래 가사에 "너무 아픈 사랑은 사랑이 아니었음을"이라는 말이 있다. 사랑한 만큼 아픈 추억이 너무 많더라는 것이다. 살아 있는 동물 교육이라 그런 듯하다.

말 못하는 동물을 교육해야 하며 하루 대략 12시간을 매일 관리를 위해 개들과 함께하는 시간을 보내야 한다. 공휴일을 포함하여 자기 시간을 많이 내놓아야 하는 직업이기 때문에 애견 교육에 시간을 몰입할 수 있는 분들만 애견훈련사의 길을 추천하고 싶다.

16
추적과 수색의 바른 이해

추적(追跡)이라 말하고 수색(搜索)을 가르다.

🐾 16-1 필자가 독일 유학 당시 수색과정 실기시험 진행현장

(1) 훈련경기 대회의 잘못된 용어 사용

세계훈련 경기 대회는 WUSV(세계 세퍼트 연맹), FCI(세계 전견종 연맹)에서 개최하는 대회가 대표적이다.

이 협회들의 시험 규정은 독일 전견종 연맹에서 실시하는 시험규정인 SchH(Schtzhund, 경찰견, 방위견이라고 할 수 있음)와 같은 규정을 따르고 있다.

시험과목은 A-후각작업, B-복종작업, C-방위공격성으로 각 100점씩 총 300점 만점 기준으로 시험을 치르게 된다.

우리나라의 훈련경기 대회에서 훈련과목을 표기할 때 A 과목(후각작업, 족적 추구)을 추적이라고 하는 것은 잘못된 표기이다. 개의 후각을 이용하여 발자국의 흔적을 찾아 일정 거리를 이동하며 유혹취의 유혹도 이겨내야 하고 발자국의 방향이 직진하던 중에 갑자기 왼쪽이나 오른쪽으로 90 각도로 꺾어 방향이 전환될 때도 이탈하지 않아야 한다. 또한 그 족적의 흔적을 찾는 전체 구간에서 3개의 유류품도 찾아내야 하는 시험이다.

현재 국내 훈련경기대회에서 A 영역 시험을 수색이 아닌 추적이라고 표기하는 것은 첫째는 영문 표기를 그대로 번역 사용하는 것, 두 번째는 시험용 트랙에 만들어진 발자국(족적)을 단순히 훈련견이 따라간다고 보기 때문에 추적이라고 이해하는 것이다, 라고 필자는 생각해 본다.

추적(追: 쫓을 추, 跡: 발자취 적)은 뒤를 쫓아간다는 의미이다. 추적은 족적(흔적, 발자국) 추구자의 행위가 현재진행형을 뜻하며, 최초 족적을 발견한 시작점에서 그 행위자는 멀어지고자 하는 심리나 시간에 쫓기는 원점 이탈의 압박감을 가진 범법자나 정신적 장애 또는 극단적 선택을 하는 경우의 사람들일 가능성이 크다.

추적견을 훈련시킬 때는 수색견에 비해 지면에서 코의 높이가 약간 높은 각도를 가져야 하며 지면(地面)의 냄새(합성취)뿐만 아니라 공기(地面) 중의 흐르는 찾고자 하는 특정취에 대한 집중력도 함께 배양되어야 한다. 그 이유는 목적물이 움직이는 대상으로 현재 진행형의 뒤를 쫓는 것이기 때문이다. 그렇기 때문에 작업속도와 시간이 중요하다.

수색(搜: 찾을 수, 索: 찾을 색)은 정확한 목표지점은 모르나 우리가 찾고자 하는 물건(유류품)이나 사람(요구조자) 또는 범법자(간첩) 등이 숨어 있거나 낙오가 예상되는 합리적인 의심 지역을 선정하여 정밀하게 찾는 임무를 말한다. 수색은 대부분 그 대상이 움직임이 없는 정지된 상태로 최소 몇 시간에서 최대 며칠 또는 그 이상의 시간이 흐른 뒤 흔적을 찾아가는 것으로 더욱더 집중력하고 세밀한 임무 수행이 요구된다.

수색견의 교육 시 주의 사항은 발자국의 흔적을 뒤쫓지만 시각적으로 발자국이 보인다 하여 수색견이 눈으로 냄새 맡는 경우가 없도록 조심해야 한다. 수색견은 강아지 때부터 불이 없는 어두운 방을 손으로 더듬어 물건을 찾듯이 훈련견의 코를 더듬는 조심스러운 그 손과 같이 교육이 되도록 차분함과 높은 집중력을 기반으로 정밀한 작업을 수행할 수 있도록 교육훈련을 진행해야 한다.

이것을 수색(搜索)이라 말한다.

훈련경기대회의 A 과목은 단순히 발자국을 하나하나를 뒤쫓아가는 추적이 아니라 때로는 발자국 또는 흔적이 보일지라도 시각적 유혹에 흔들림 없이 어디 있을지 모르는 물건(유류품)을 찾는 시험이기 때문에 수색이 정확한 표현이다.

정확한 용어 이해는 교육의 수준을 판가름하는 출발점인 만큼 바르게 표기하고 이해했으면 하는 바람이다.

그리고 현장에서 매일 훈련견들과 실랑이하며 바른길로 인도하기 위해 고생하는 애견훈련사 여러분께 응원을 보낸다.

17

비전문가의
애견 교육 상담

애견인들이 강아지를 입양하여 키우다 보면 지식 부족에 대한 궁금증을 가지게 된다.

해결책을 찾으려다 보면 인터넷 검색을 하거나 주위의 분양한 업체 사장님, 동물병원, 이러한 곳에서 정보를 얻는 경우가 많다.

일반 건강정보나 일반 상식은 이러한 곳에 조언을 구할 수 있지만 교육에 관련된 궁금증이나 문제행동견은 같은 행동에도 경우의 수가 다양하기 때문에 잘못된 지도는 상황을 더 악화시킬 수 있다.

기술(技術)이란 지식을 기반으로 일정한 경험을 필요로 하며 자기 연마와 축적의 시간을 반드시 가져야 한다.

그래서 필자는 최소 업무경험이 10년 이상이 될 때 반려견 교육을 진행해나가다 보면 교육에 앞서 반려견과 견주 모두를 더욱 깊이 있게 이해할 수 있기 때문에 전문성을 키우는 것을 강조한다.

전문 애견훈련사가 아닌 타 업종 종사자 및 일부 수의사들이 애견 교육에 대한 세미나를 청강하거나 혹은 단기간 교육을 이수했다고 해서 애견훈련을 진행하거나, 영상자료나 서적들을 참고하여 애견 교육 상담 및 행동교정의 상담 업무를 진행하는 것은 본업을 열심히 노력하는 애견훈련사들을 모독하는 것이다. 애견인들에게도 비전문가의 조언이라는 바르지 못한 정보를 줄 수 있다. 필자 또한 오랜 시간 애견훈련사의 길을 가고 있지만 참 쉽지 않은 분야다. 그리고 공부의 필요성은 매일매일 잊지 않는다.

애견 교육 상담 및 교육지도는 애견훈련사의 전문 영역이다.

약은 약사에게 치료는 의사에게,

애견 교육은 전문 애견훈련소 애견훈련사에게!

우리 모두 한 가지 일이라도 제대로 하는 전문인이 되도록 노력하자.

18

동물보호법 개정이 필요하다

동물보호법은 1991년 대한민국 법률에 의해 제정되었으며 동물의 학대행위 금지와 적절한 관리 및 보호를 위한 목적으로 만들어졌다.

필자가 동물보호법에 관해 애견훈련사를 거쳐 애견훈련소 소장으로 많은 개들을 교육하면서 느낀 점을 앞으로 법령제정 및 일반인들의 의식 전환에 도움이 되었으면 하는 바람으로 20년 이상 국내외의 다양한 현장 경험의 의견을 제시하고자 한다.

1 맹견법 시행

2018년 농림 축산 식품부는 맹견의 범위를 정하여 도사견, 아메리칸 핏불(아메리칸 스태퍼드셔 테리어, 스태퍼드셔 불테리), 로트 바일러, 마스티프, 라이카, 오브차카, 캉갈 울프독까지 총 8종을 맹견으로 규정하고 있다.

처음 맹견종의 범위가 5종에서 3종 더 추가되어 8종의 견으로 지정되었는데, 위험성 및 신체 크기로만 보기 때문에 추가 선정하여 맹견의 범위가 확장되었지만 아직 미포함된 위험성을 가진 맹견종들 또한 다수가 있다.

여기에는 특히 도고 아르헨티노, 프레사 까나리오, 케인 코로소 등은 포함되어 있지 않다.

그렇지만 선정된 맹견종들이 모두 공격적이고 사람을 무는 것은 아니다.

맹견종 중에는 위험한 개들도 있지만 강아지 때부터 체험학습(사회화) 교육을 진행하면 성견이 되어서도 아무런 이유 없이 흥분하거나 타인을 함부로 위협하지 않는다.

농림축산식품부에서 선정한 맹견 8종보다 선정되지 않은 절대 다수견에 의한 물림 사고가 훨씬 많다는 것을 상기해야 한다.

  필자가 운영하는 애견훈련소의 입소견들 중에 사람을 공격하였거나 현저히 위험의 우려가 있는 개들이 일반 훈련견보다 입소한 견두 수가 많으며 상담 또한 공격성 및 짖음의 문제가 다수를 이루고 있다.

  견종으로는 코카스파니엘, 미니핀, 닥스훈트, 말티즈, 푸들 등 정말 다양하며 특히 대형견만이 무는 것이 아니라 소형견의 비율이 높다는 것이다. 뉴스에 보도되는 사고견들의 종류만 보더라도 맹견류도 있지만 일반 가정견에서 사고가 더 많이 발생하고 있다는 것을 알 수 있다.

  이에 필자는 농림축산식품부에서 지정한 맹견의 범위와 맹견에 관한 기본 관리에 대한 소견을 밝히고자 한다.

2) 변상우의 맹견 관리법 개정

  먼저 맹견이라 함은, 지정된 8종의 견종을 지칭하는 것은 잘못된 선정이다.

  맹견이라 함은 사람을 물었거나 또는 물 수도 있는 현저한 위험성이 확인된 개들을 지칭해야 한다.

  사나움이 없거나 교육을 받은 개들에게 맹견류에 포함된다 하여 무조건 맹견 관리법대로 따르라는 것은 맞지 않다. 그러면 맹견류에 속하지 않으면서 물거나 물 우려가 있는 개들의 관리와 외출의 규정은 어떻게 할 것인가? 하는 현실과의 괴리감이 생기게 된다.

  맹견으로 지정된 8종의 견종은 특별 위험관리견으로 지정하고 견주 교육 및 관리법을 고지해야 한다.

필자는 다음과 같은 성품 및 관리등급별 기준을 만들어 보았다.

맹견: 견종의 크기에 상관없이 사람을 물었거나 통제가 되지 않아 언제든 물 수 있는 위험성을 가진 모든 견종

제1종 위험 관리견: 경비견 혈통을 비롯하여 투견 혈통과 그 믹스견을 포함한 사나운 견종을 우선 선정하여 아파트와 빌라 등 다주택 주거 공간에서 함께 생활을 금지하고 최소한의 독립 마당이 있는 집에서 키우도록 한다. (기존 맹견종 포함)

제2종 일반 관리견: 사나운 견종을 제외한 가족 구성원과 이웃에 위협적이지 않는 일반 가정견

제3종 보호 관리견: 시각 장애인 도우미견 및 유기견

개들의 관리를 4등급으로 분류하고 그에 따라 법규를 제정하고 직접 가해견에 대한 조치 및 특별위험 관리견의 의무와 권장사항 그리고 일반견들의 관리지침을 만들어 고지해야 한다.

(3) 맹견

맹견은 먼저 사람을 물었거나 물 우려가 큰 위험한 개들로 사고 발생 시 그 후속조치 또한 매우 중요하다. 개에 의해 물리는 사고가 발생하면 그 가해견은 즉각 격리조치를 해야 하며 그와 동시에 사람을 물었다는 것은

최악의 경우 사망에 이를 수 있는 심각한 행위로 개들이 사람을 공격할 때 쓰이는 이빨 중에 치명적인 것이 송곳니이다.

가해견 송곳니가 사람의 피부에 들어갔을 때 큰 인명피해가 발생하는 경우는 바로 가해견이 문 상태에서 머리를 좌우로 흔들었을 때이다.

머리를 좌우로 흔든다는 것은 사냥물에게 하는 공격성 본능적 행동으로 송곳니가 대동맥 및 혈관들을 상처 내어 과다출혈에 따른 쇼크를 유발한다. 그렇기 때문에 가해견에 대해 이 송곳니를 즉각 제거하는 외과 수술을 강제적으로 실시해야 한다.

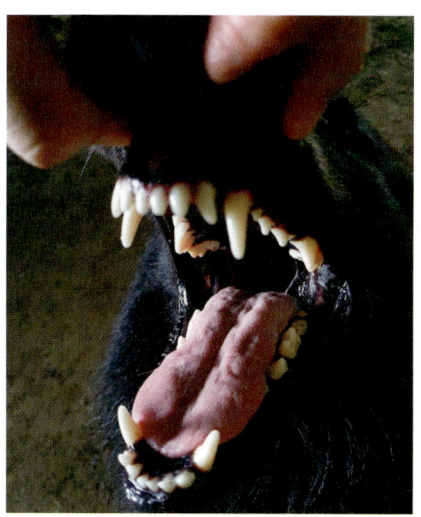

🐾 18-1 사람을 공격한 개는 즉각 송곳니를 절단하거나 발치해야 한다

그 이유는 가해견에 의한 교상(咬傷) 사고가 발생하면 차후에 다시 같은 사고가 발생할 확률은 매우 높기 때문이다. 특히 공격성은 뇌에 강하게 기억으로 남기 때문에 사람을 문 개는 다시 문다는 것이 과장은 아니다.

그렇기 때문에 흉기라고 할 수 있는 송곳니를 제거 또는 잘라내야 한다.

그와 동시에 가해견의 중과를 따져 그에 합당한 벌금 또는 격리 그리고 애견훈련소 의무교육 부과 등의 후속 절차를 진행해야 한다.

개에게 너무 잔인한 행위라고 하는 분들이 혹여나 계실까 하여 부연설명을 드린다.

만약 스스로 방어할 힘이 부족한 어린 미취학 아동이나 노약자 분들이 이런 위험에 노출되면 최악의 경우 사망사고가 발생할 수도 있다는 것이다.

심각성을 상기해야 한다.

이것은 하고 하지 않아도 되는 선택사항이 아니라, 사람의 안전과 생명이 우선되어야 한다.

예전에는 견두 수가 지금보다는 적었지만 무엇보다 실내 생활하는 견들이 적었다.

오늘날에는 견종에 상관없이 우리 생활공간 또는 주위에 너무 밀착해 있기 때문에 개에 의한 교상(咬傷) 사고가 계속 발생 또는 증가하고 있다.

4 우리 개는 안 물어요?

개 물림 사고의 환자 수를 보면 하루 평균 6.5명에 이르고 2016년에 2,111명, 2017년에 2,404명, 2018년에 2,368명의 사고가 매년 2,000명 이상이 발생하고 있다. 119 구급대 신고건수가 이러하다면 미신고건을 합쳤을 때는 더욱 증가된 집계가 될 것으로 추정한다.

대부분의 일반 가정견에게서 발생하는 물림사고는 순간적으로 일어나는 경우가 많고 이러한 위험성을 견주들이 사전에 인지하고 있지 못하다는 것이 더욱 큰 문제이다.

그러면 가정견들 중에 잠재적 맹견의 특성을 가진 개들은 일단 흥분을 쉽게 한다.

쉽게 한 흥분은 견주의 제지에도 바로잡히지 않는 경우가 많고, 산책을 나갔을 때 사람이나 다른 개들을 보고 그 방향으로 리드줄을 끌고 나가며 심하게 짖는 견들이 대표적이다.

주거 공간 내에서도 위험성을 먼저 감지할 수 있는데 대체적으로 자기 욕심이 강하다.

개의 특정 신체 부위를 만지면 으르렁 하고 위협하는 개, 장난감에 대한 과도한 집착견, 밥을 먹을 때 주위에 가족이 지나가면 으르렁 하고 위협적 신호를 보내는 개들이 잠재적 위험견 후보군에 들어간다고 하겠다.

가정견은 어떠한 경우에도 가족에게 으르렁거리며 위협하는 행동이 일어나면 안 된다.

이러한 행동이 누적되면 가족도 위험해지지만 왜곡된 환경으로 인지 또는 흥분할 시에는 타인이나 다른 동물에게는 즉각적인 위협의 대상이 될 수도 있다. 그러므로 잠재적 위험견의 견주는 거칠긴 해도 물리지는 않았기 때문에 우리 개는 문제가 없다고 인식할 것이 아니라 오히려 나에게 으르렁 했다면 타인이나 다른 동물에게는 더 큰 위협의 대상이 될 수도 있겠다는 자각이 중요하다.

이것은 "내가 괜찮으면 됐지 뭐"가 아니라 나 또한 우리 개로 인해 타인이 불편해하거나 위험해지면 안 된다는 생각과 이웃을 배려하는 시민의식이 먼저 선행되어야 한다.

약 9,000년 전 개들은 사람의 생명과 재산을 보호하는 목적을 가지고 인류와 무언의 합의하에 주거와 먹이를 제공받았다.

오늘날 가정견들은 대부분 아파트와 같은 밀집구조의 주거 공간에서 개들이 생활함으로써 과거의 경비견 같은 역할은 대부분 사라졌다.

그리고 새로운 사회현상 중 하나는 개가 사람을 더 이상 보호하는 대상이 아니라, 개가 보호받는 존재의 과잉배려의 문화가 만들어지고 있다는 것이다. 우리와 함께 생활하는 반려견에게 배려는 필요하다. 하지만 지식 없이 무턱대고 개를 사람처럼 이해하려는 마음은 매우 위험한 생각이다.

개에게 과도한 관심은 애착심을 낳게 되고 그 지나친 애착은 우리 반려견의 행동을 변화시킬 수 있다. 바로 자기편의주의적 행동 그리고 가족과 함께 있음에도 외부의 소리에 지나친 경계(짖음) 또는 주도적인 의사표현이 몸짓과 짖음으로 강해진다는 것이다. 순하고 순종적인 개들은 어떠한 환경이든 자기를 낮추려는 자세를 가지고 있기 때문에 공격과도 같은 위협적 요소는 매우 드물다.

반면 활동적인 개들은 다를 수 있다.

애견훈련소에 물림사고로 입소하는 대부분의 개들을 살펴보면 타인을 물어 입소한 개보다 가족을 물어서 입소한 개들의 비율이 훨씬 높다.

이러한 개들은 신고 또는 사고 접수도 되어 있지 않고 현황 집계에서도 빠져 있다.

그러면 우리가 한번 생각해 보자.

대부분의 가정에서 키우는 반려견들은 학대나 괴롭힘을 당하면서 생활하지도 않을뿐더러 편안한 휴식공간과 양질의 먹거리를 제공받고 위협 없는 안락한 환경에서 가족들과 함께 동고동락하며 살아간다.

그런데 '왜' 함께 생활하는 가족을 물고 이웃을 위협하고 무는 개들이 전국에서 매년 2,000건 이상의 무는 사고가 발생하고 증가하고 있는 것일까?

가장 큰 원인은 견주가 지식 없이 입양하고, 개를 제대로 알지 못한 채 귀엽고 사랑스럽다 하여 사람 대하듯 그냥 함께 산다는 것이다.

분명 우리는 우리의 반려견을 배려하고 보살필 의무가 있다.

그러나 사람과 교감을 한다 할지라도 송곳니를 가진 동물을 약자로 칭하는 보호 또는 보호자 같은 호칭으로 정서적 공감대를 형성할 것이 아니라 관심과 관리가 필요하다.

견주라는 우두머리가 되어 어떠한 견종이든 우리가 리드할 때 반려견은 폭력적인 개로 성장하지 않는다.

❖ 18-2 교육의 힘, 핏불테리어와 스피츠의 기다려

사진에서 보는 것처럼 맹견 중의 맹견으로 잘 알려진 핏불테리어라고 할지라도 강아지 때부터 체험 교육(사회화 교육)과 애견훈련소에서 기본 복종 훈련 과정을 이수하면 다른 개들과 어울리는 것에 문제가 없음을 필자가 교육을 통해 확인하였고 사진으로 남겼다.

⑤ 입마개 착용의 모순

현행법에는 맹견을 선정된 모든 개들은 외출 시 입마개를 하고 나가도록 강제하고 있다.

계속적인 개 물림사고를 예방하고 단속해야 할 정부의 입장을 모르는 것은 아니지만 여러 전문가들과 좀 더 깊이 있는 논의를 했어야 했다.

애견 물림사고는 맹견으로 선정된 개들도 사고가 나지만 신체 크기에 상관없이 정말 다양한 견종의 가정견들이 무는 사고를 일으키고 있다.

❖ 18-3 입마개를 착용한 로트 바일러

요즘 무는 사고를 보면 특정 견종이 아닌 일반적인 개들에 의한 사고가 더 많아 맹견종의 법률적 지정을 무색케 하고 있다.

입마개의 착용 범위는 외출 후 밖에서 반려견의 행동을 확인하면 간단하게 판정할 수 있다. 견주와 함께 거리를 이동할 때 동물이나 사람에게 심하게 짖고 리드줄을 끌고 상대방에게 가려고 하는 행위가 일어나고 견주가 제지를 함에도 불구하고 짖음을 포함하여 20초 이상 계속 흥분상태가 유지가 된다면, 이 개의 리드줄을 놓쳤을 때 바로 달려가 무는 사고가 생길 우려가 크기 때문에 견종 불문하고 입마개를 착용하고 외출을 해야 한다.

맹견종에 선정된 개들 중에는 순하거나 교육이 잘 되어 있는 개들도 의외로 많다는 것을 알아야 한다.

맹견종을 법률로 정하여 '모두 입마개를 하고 외출하시오'가 아니라 필자가 새롭게 정의한 제1종 위험 관리견(현 맹견종 포함)을 선정하여 사납지 않더라도 만약을 대비해 이 견종들은 외출 시 입마개를 가지고 외출하도록 하고, 애견 훈련소에서 대략 6개월 간의 기본 복종훈련을 이수하도록 교육을 의무화한다. 모든 견종들이 외출 시에 다른 사람과 동물들에게 달려들려 하거나 짖음을 계속적으로 한다면 그 견종들이 바로 맹견 후보견이며 입마개를 하도록 현행법을 개정해야 한다고 필자는 주장한다.

만약 입마개를 하지 않고 외출 후 사고가 발생한다면 생명을 위협할 수도 있고, 맹견이라 할지라도 순하던 개들을 예민하게 만들고 입마개 착용으로 인해 개들의 성격이 좋지 못한 변화를 보일 수도 있다는 것이다.

필자는 말하고 싶다.

입마개를 하는 연습만으로 착용이 자연스러워지는 것이 아니며, 문제가 해결되는 것 또한 아니다. 개들에게 고통만 계속 주는 행동이라는 것이다.

개의 주둥이(입)는 먹는 것과 의사소통 외에도 호흡과 체온조절을 하는 중요한 신체 기관이다. 입마개의 착용은 호흡 및 체온조절을 방해하기 때문에 위험군의 모든 개들에게 일괄 적용할 것이 아니라 물었던 개이거나 견종 불문하고 물 우려가 있는 개들로 그 착용의 한계를 제한적으로 적용해야 한다.

그리고 강아지 때부터 밖으로 나가서 많은 것을 긍정적으로 경험하고 통제하는 연습을 해나가면 개들은 아무리 맹견이라 할지라도 통제를 벗어나는 과격한 행동과 흥분은 일어나지 않는다. 맹견법이 개정되어 우리 개에게 입마개를 씌우는 것은 내가 나의 개를 제대로 교육시키지 못했고 스스로 괴롭히는 것으로 견주는 부끄러워하고 교육을 통해 바꿔 나가야 한다는 인식이 싹트는 사회적 분위기가 잡히길 바라는 마음이다.

⑥ 가슴줄 착용의 그 위험성

필자가 가장 안타까우며 우려하는 것 중 하나가 바로 가슴줄(하네스)의 무분별한 사용이다.

앞서 '5. 목줄 착용의 정확한 이해'에서 언급했듯이 가슴줄은 자기 주도형 목줄이다.

시각 장애인 도우미견, 수색견, 경찰견 등 전문 분야에서 2년 이상 교육 훈련을 수료한 개들을 대상으로 행동에 제약 없이 편안히 약속된 임무수행을 배려하기 위해 만든 줄이다.

그리고 일반견에게 사용될 때는 기본형 목줄을 사용하기에는 목 디스크가 있거나 목에 피부병이나 알레르기 등으로 가슴줄을 착용할 수밖에 없는 의료용과 알레스카 같은 지역의 사역견인 썰매견들이 착용을 하고 있다.

이외에 매우 순종적이며 공격성이 없는 개들은 무엇을 착용하든 큰 문제는 없지만, 견종에 상관없이 활동적이며 자기표현이 강한 개들의 경우 가슴줄 착용은 적절한 통제가 어려워질 수도 있다.

함께 걷기 훈련이 되어 있지 않은 개들을 더욱 자유롭고 편안하게 보행하도록 배려하기 위해서 가슴줄을 착용하는 것보다 기본형 목줄을 착용하고 산책할 때 성급히 걸어 목 조임이 발생한다면 배려를 통해 문제를 해결하려고 할 것이 아니라 교육을 진행해서 반려견의 잘못된 생각과 행동을 바꾸도록 하는 것이 올바른 방법이다.

반려견의 감정과 행동을 통제하기 어려운 가운데 가슴줄 같은 줄을 착용시켜주는 것은 바람직하지 않으며 과잉배려는 때로는 개들의 행동을 자기중심적으로 옮겨갈 우려가 크다.

그렇게 되면 과격한 문제적 행동이 생겨날 수 있다.

그러면 가슴줄 같은 목줄 하나의 착용이 개의 행동에 미치는 영향은 어디에서부터 올까.

먼저 개의 생존 본능을 제대로 이해해야만 한다. 이것이 매우 중요하다.

오늘날 많은 개들이 실내 생활을 하고 사람과 함께하는 시간이 많아지면서 사람과 동등한 수준의 배려와 이해를 하려 하고 심지어 일부 전문가들조차 이런 시류에 동승하여 자신을 포장하는 행동은 잘못된 것이다.

개는 욕구적 본능이 강한 동물이다.

개를 이해할 때 가장 우선시 보아야 하는 것은 먹이 활동의 식욕본능이다.

개는 늑대와 유전자 DNA 염기서열이 99.96%가 동일함에도 불구하고 결정적 상황에서 전혀 다른 행동을 보인다. 그것은 바로 먹이활동의 무리 집단의 본능적 습성이다.

늑대는 먹이 활동에 있어 획득방식이 강한 우두머리의 지휘 아래 무리 지어 협동하여 사냥물을 포획하고 공동분배를 통한 수평적 생활개념을 가지고 있다.

생존하기 위해서는 협동할 수밖에 없는 생존조건의 환경에서 서식하기 때문이다.

그런 반면 개들은 먹이를 획득하는 방식이 사냥 같은 노력에 의해 구하는 것이 아니라 사람에 의해 먹이가 주어지다 보니 무리와 함께 협동이 필요한 구조가 아니라 무리 자체가 서로 간의 경쟁 대상이 되고, 치열한 먹이 다툼이 일어난다.

이러한 경쟁 속에서 힘센 우두머리의 등장 및 서열이 만들어지며 주종관계에 따른 생존방식이 형성된다.

늑대들은 사냥물을 대상으로 무리가 협동했다면, 개들은 놓인 먹이를 대상으로 무리 안에서 서로 간에 경쟁자가 되어버린 것이다.

이 말은 개들의 상호 간에 지배력이 누구에게 있느냐가 중요하다는 것이다.

만약 견종불문하고 활동성 강한 성향의 개들에게 야외에서 흥분하지 않고 견주의 말에 따를 수 있는 복종성이 갖추어지지 않은 상황이라면, 가슴줄과 같은 신체적 자율성이 보장되는 줄이 일반견들에게는 상황을 더욱 어렵게 만들 수 있다.

그렇기 때문에 기본형 목줄(밴드형 목줄)을 착용하고 걷는 연습을 새롭게 배워야 한다.

⑦ 가슴줄 착용 금지법

일반적인 가정견들의 대부분 특별한 사정이 없는 한 가슴줄이 아닌 기본형 목줄(밴드형 줄)을 착용할 것을 권장한다.

그리고 가슴줄을 특별한 견종에 대해서는 착용을 금지하는 법률이 제정되기를 필자는 바란다.

가슴줄을 맹견종이나 사나운 개들에게 착용시키면 흥분이나 위협적인 순간 통제하기가 매우 어려워진다.

개들의 싸움에는 목을 제압하는 녀석이 그 싸움에서 승리자가 되고, 목을 빼앗긴 녀석은 상대견에게 복종하게 된다.

❖ 18-4 목을 제압하는 모습

❖ 18-5 목을 제압하는 대형견

사나운 개들이 가슴줄을 착용 후 흥분하게 되면 목과 머리가 자유롭기 때문에 특히 대형견은 견주가 감당하기에는 버겁다.

그리고 수천 년 전 고대 때나 우주를 개척하는 첨단의 오늘날에도 개들의 습성은 본능에 지배를 받고 그 테두리 안에 머물러 있다.

개를 통제하기 위해서는 목에 목줄을 채워야 한다.

개의 무게 중심이 목과 머리에 있기 때문에 제어할 때는 목줄을 잡아당겨 하고자 하는 행동의 방향과 무게 중심을 흩트려 견주가 그 의지를 꺾고 개의 자세를 바로잡아 흥분을 가라앉혀야 한다.

🐾 18-6 기원전 645년경 벽에 새겨진 개 목줄과 리드줄을 하고 이동 중인 모습

독일에서는 오래전부터 세퍼트나 로트 바일러, 도베르만 등 경비견, 경찰견 등의 공격훈련을 할 때 가슴줄을 세계 최초로 착용하고 교육에 사용하였다.

기본 목줄을 착용하고 그 목줄에 리드줄을 걸어 공격훈련을 하면 훈련견의 목이 핸들러의 리드줄과 연결된 개의 목줄이 당겨 제대로 교육하기가 어렵다.

그래서 달려나가는 다리와 공격할 때 목과 머리를 자유롭게 사용하도록 가슴줄을 착용시켜 공격성을 극대화시켰다.

✤ 18-7 독일에서 공격훈련에 사용되는 가슴줄

개들에게 목은 매우 중요한 신체 부위이다.

쉽게 흥분하고 사나운 모든 견들을 가슴줄 착용을 금지해야 한다.

가장 기본이고 간단한 목줄을 개들이 불편해한다고 해서 자유로운 가슴줄로 바꾸어주는 것은 개들에 따라서는 쉽게 흥분하고 공격적 자극에 영향을 줄 수 있다는 것을 명심해야 한다.

그래서 특히 맹견이나 제1종 위험 관리견은 가슴줄 사용을 금지해야 한다.

8 맹견 사고 개줄이 위험하다

(1) 개줄 사용 안전인증 검사

2016년 이후 매년 2,000건 이상의 무는 개 사고로 119 구급대에 구조 요청 신고가 접수되고 있다고 한다.

무는 사고의 유형을 살펴보면 실내 가정에서 가족 피해사고, 현관문 또는 대문의 관리 소홀에 따른 탈출견에 의한 무는 사고, 산책 시에 타인 및 동물가의 접촉에 따른 무는 사고 등 다양한 장소와 형태의 물림사고가 발생하고 있다.

대체적으로 이런 사고들의 유형은 견주의 노력 여하에 따라 얼마든지 예방이 가능하다.

무는 개도 위험하지만 또 다른 위험이 항상 잠복하고 있는 것을 애견훈련소 현장에서 늘 교육을 지도하면서 발견하는 경험을 하게 된다.

그것은 바로 개 목줄과 리드줄의 부실함이다.

이 두 가지의 제품은 개와 산책하는 데 꼭 필요한 도구이며 사고를 예방하고 안전을 확보하는 데 매우 중요한 도구이다.

반려견들이 착용하는 목줄과 리드줄의 성능 미달 제품은 일반 견주가 직접 확인이 어렵고 예상하지 못한 상황에서 개줄 파손에 의한 무는 사고가 발생할 수 있다.

가끔씩 뉴스에서 개줄이 끊어져 개가 사람을 물었다는 사고는 개줄 자체가 끊어진 것보다는 일반인보다는 엄청난 사용량을 가진 필자의 경험상 목줄의 연결고리 또는 리드줄의 연결고리가 문제가 되는 경우가 대부분일 것으로 판단된다.

❀ 18-8 목줄 고리의 불량   ❀ 18-9 목줄의 순간적 당김에 이탈한 고리

목줄의 연결고리가 대부분 압착만 된 채 제품화되어 시중에 유통되고 있다. 그러다 보니 평상시 산책이나 보행 시에는 문제가 없지만 갑자기 놀라거나 흥분 또는 공격성으로 순간 뛰쳐나갈 때 연결고리가 벌어져서 사고가 발생한다는 것이다.

❀ 18-10 대부분 목줄 연결고리를 압착 후 용접하지 않음

목줄 연결고리를 용접하지 않고 압착만 할 경우 중형견 이상의 개들이 순간적으로 달려나가면 고리의 연결 부분이 벌어져 이탈할 우려가 있기 때문에 차후에는 꼭 연결고리 접합 부분에 용접을 하여 안전을 확보해야겠다.

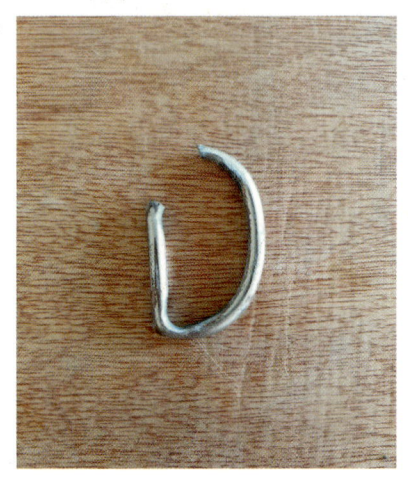

❖ 18-11 재질의 부적합과 두께 미달로 부러진 연결고리

목줄은 안전성을 요하는 기능성 제품이어야 한다.

수익 보전을 위해 생산 단가를 낮게만 적용하면 제품의 품질이 저하될 뿐만 아니라 목줄착용에 의한 안전성 확보 또한 위협을 받을 수 있다.

리드줄 또한 견종 분류 및 개 체중에 따른 사용 분류가 명확하지 않은 제품들이 많다.

리드줄의 재질로 부적합한 소재들도 많이 있고 특히 리드줄의 연결고리의 대부분이 주물 형태로 만들어져 있다.

리드줄 연결고리의 강성이 약해서 쉽게 파손되는 경우도 있고, 시골이나 개를 묶어서 키우는 곳의 개줄 연결고리들도 산책용 리드줄 연결고리와 비숫하거나 같은 제품이기 때문에 시골에서 개줄 끊김에 의한 물림 사고가 발생하면 대부분 연결고리 파손에 의한 것이 많다.

🐾 18-12 리드줄 연결고리가 파손되는 형태

리드줄의 연결고리가 기존 제품은 대부분 주물로 만들어 고리의 회전 부분이 조기에 쉽게 마모될 수 있기 때문에 강성을 높이고 좀 더 튼튼한 품질을 가져야 한다.

변 사부의 한마디

필자는 하루 종일 개들과 생활하면서 교육을 진행하기 때문에 일반인들과는 비교할 수 없을 정도로 개 목줄과 리드줄의 사용빈도수가 높다.

개들이 사람을 무는 유형은 다양하지만, 목줄(밴드형 목줄)과 리드줄(산책줄)의 노후와 성능 미달에 따른 사고를 현장에서 가끔씩 목격하였고, 이것은 단순히 개줄 파손에서 끝나는 것이 아니라 개들에 따라서는 사람의 안전과 생명을 위협할 수 있는 일이기 때문에 정부의 철저한 관리 감독이 필요하다고 생각한다.

목줄의 연결고리는 단순 접합이 아닌 용접을 필히 하고 개들의 체중 및 크기에 따른 대·중·소 분류와 체중에 따른 인장강도 요구조건에 부합해야 한다.

리드줄(산책줄)의 경우 또한 연결고리의 재질을 보다 강한 소재로 바꾸고 목줄과 마찬가지로 신체 크기 및 체중별 대·중·소로 나누어 연결고리와 리드줄의 인장강도를 정부가 테스트하고 관리하여 인증을 부여해야 한다.

그리고 현재까지는 개줄의 교체 주기를 견주의 주관적 시각에서 낡음을 판단하여 교체하였다면 앞으로는 제품별 성능 테스트를 통해 사용기한을 만들고 권장해야 한다. 개들이 착용하는 목줄과 리드줄은 통제와 안전에 있어 매우 중요한 필수 용품인 만큼 안전 기준은 반드시 만들어져야 하며, 관련 기관에서도 각별한 관심이 필요하다.

19
애견산책법
법률 제정을 말한다

① 1일 1회 의무 산책법

개의 신체 구조는 달리기 적합하도록 진화한 동물이다.

모든 개들의 욕구 불만 중 첫 번째는 달리지 못하는 데서 시작된다고 해도 과언이 아니다.

옛날 시골은 다 그랬지만 필자의 시골 고향의 개들은 대부분 풀어놓고 키우는 집들이 많았다. 이 집, 저 집 다니고 골목길을 마실 다니던 그때 그 시절의 개들을 생각해 보면 참 행복했겠다 싶다. 이렇게 자유로이 키워도 대부분 무는 사고 같은 것은 없었다. 많이 움직이고 다양한 경험을 하는 것은 사물에 대한 긴장감, 의심, 두려움 등이 현저히 낮은 단계에서 머물기 때문에 견주와 함께 많이 움직이는 것은 긍정적인 심리 상태를 만드는 데 큰 도움이 된다.

우리는 우리 집 반려견에게 얼마나 자유의 시간과 자연을 접할 수 있도록 함께 밖으로 나가는지 생각해 보아야겠다.

애견산책 의무법을 만들어야 한다.

우리가 애견을 입양할 때 꼭 해야 할 의무사항들이 있다.

① 잘 먹여야 할 의무
② 아프면 병원에 데려가야 할 의무
③ 행동에 문제가 발생 시 교육의 의무
④ 산책(운동)의 의무

네 가지 모두 중요하지만 ④번의 산책(운동)의 의무는 소홀하기 쉽다.

필자가 2020년 7월 정부 관계부처에 확인한 결과 산책의무에 관한 법률은 제정되어 있지 않다고 했다.

2019년 호주의 경우 밀폐된 실내에서 24시간 갇힌 개를 2시간 이상 산책시킬 의무가 있고 이를 지키지 않을 때는 최고 4천 달러의 벌금을 부과하는 내용이 상정되었다.

캐나다, 미국 모두 산책을 의무화 하고 있으며 독일의 경우 1일 1산책을 규정화하고 있다. 많이는 1일 2회, 3회까지도 산책을 하고 있으며 산책을 통하여 정신적, 육체적 스트레스를 이완시키는 효과도 있고 그와 함께 배변을 밖에서 하도록 교육하고 있다.

우리나라처럼 배변 패드의 문화가 서구 유럽에서는 발달되어 있지 않다.

독일의 경우 많은 가정들이 실외에서 배변을 유도하고 있고 그와 함께 산책을 같이 하게 된다. 직장 또한 반려견과 함께 출근할 수 있는 곳도 많이 있다. 독일은 반려견의 대중교통 이용에 있어서도 잘 정비되어 있으며 개들이 사람의 생활 깊숙이 들어와 있다. 그런 만큼 견주들의 반려견 에티켓에 대한 의식수준이 높으며 평상시 교육에 시간투자를 많이 하고 있다.

필자가 산책의 중요성을 이야기하는 것은, 외출하는 것에 관한 기본만 제대로 지킬 수 있도록 교육한다면 사람들이 개에게 물리는 사고는 현저히 감소시킬 수가 있고 그와 더불어 우리가 가정에서 잘 먹이고 보살피는 것만 중요시한 것이 아니라 개들을 많이 움직이게 해주는 배려가 필요하기 때문이다.

개들은 힘껏 달리는 것이 매우 중요한데 산책을 나가서는 일정시간 최소

약 30분은 달릴 수 있도록 함으로써 내적 불만 요소를 소멸시키는 작용을 하게 된다.

이웃 간에 빈번히 일어나는 짖음으로 인한 다툼이나 엘리베이터 또는 산책로 및 인도에서의 반가움이나 위협의 달려들기 등을 산책과 그 움직이는 과정에서의 예절교육으로 바르게 바꿔 나갈 수 있는 교육의 시간도 함께 만들 수 있기 때문에 많이 데리고 나가는 문화가 우리나라에서도 자리를 잡기 바라는 마음이다.

혹자는 산책의무법을 만든다 하더라도 해당견이 실제 1일 1회 이상의 산책이 이루어지는지를 확인하기가 어렵고 그런 만큼 범칙금 부과 및 실효성에 의문을 가질 것이다.

하지만 이 법에는 상징적 의미가 있다.

산책의무법을 홍보하여 산책을 유도하고 좀 더 많은 산책 및 외출을 강아지 때부터 적극적으로 함께 하다 보면 애견에 의한 가장 위협적인 사고인 사람을 무는 행동을 어느 견종을 불문하고 사고 없이 안정적으로 관리할 수 있는 그 토대가 되는 것이 산책이기 때문에 꼭 권장되어야 한다.

산책의무법은 반려견과 함께 산책을 하지 않거나 일주일에 1~2회의 극히 적은 횟수의 산책을 하는 견주들에게 항상 심리적 부담과 자신의 반려견에게 미안함을 가지도록 정의를 내려주는 법으로 어떠한 여건이 되었든지 간에 1회라도 더 산책을 하도록 하는 의무감을 심어준다고 필자는 믿는다.

맹견은 덩치가 크다 하여 맹견이 아니라 소형견일지라도 강아지 때부터 산책과 외출로 다양한 경험과 긍정적인 영향을 사물로부터 얻지 못하면 그 순간부터 우리 반려견은 맹견이 되는 것이다.

산책의 진정한 의미를 알고 함께 나설 때 우리 반려견은 매너견이 될 것이며 우리가 산책을 등한시할 때 우리의 반려견에게 또 다른 학대를 하고 있는 것임을 알아야겠다.

나의 삶, 나의 꿈

　1997년 2월 전역 후 애견훈련사로 입문하여 애견훈련소 소장으로 벌써 20년을 훌쩍 넘어버렸다. 시간이 너무도 빠르게 지나온 것 같다.
　내가 걸어온 길을 되돌아보면 빠뜨릴 수 없는 가장 큰 영향력을 미친 것은 군 생활이었다.
　특수전 부대 Team에서 팀 작전 요원으로 근무하다가 1996년 강릉 잠수함 침투 간첩체포 작전을 마지막으로 임무를 수행하고 중사만기 전역하였다.
　군 생활을 통해서 배운 것은 전문가란 무엇인가? 프로가 되기 위해 준비하고 노력하는 자세를 배웠다. 육해공 산전수전의 험난한 모든 교육과정을 거치면서 몸과 마음이 단련되었고 그럼으로써 겸손함을 배웠다. 나는 지금도 허세부리는 것을 싫어하고 사람이든 음식이든 담백한 것을 좋아한다.
　오늘날까지도 군 생활의 경험은 나의 사회생활에 많은 영향을 주고 있다.
　어린 애견훈련사 시절과 나의 젊은 날은 참 고단했다.
　1990년대 입문한 애견훈련사들은 이해할 것이다. 모든 부분에서 열악했다. 그뿐만 아니라 모함과 부조리 그리고 사기를 당하여 훈련소를 운영하지 못하는 지경에까지 내몰리는 마음 아픈 일들이 많았다.
　삶에 회의를 느낄 때도 있었지만 한번 시작한 일의 목표한 결과물을 만들어내기 전까지 포기할 수가 없었다.
　지나온 그 시간들을 뒤돌아보면 이겨낸 것이 아니라 버텨온 것이 더 적절한 표현이라고 하겠다.

　필자는 어린 애견훈련사 시절 항상 배움에 목말라 있었고, 선배나 소장님께 질문하면 설명 없이 "그렇게 하는 거야"라는 말로 되돌아왔다.

　필자는 태생적 성격이 이유 없이 강요하는 일 또는 형식적으로 행동하는 것을 싫어하는 심리를 가지고 있었다. 그런 필자에게는 이러한 "그냥 하면 돼"라는 식은 마음을 불편하게 했고 좀 더 알고 싶은 욕심과 호기심은 결정적으로 1998년 전후로 한창 독일에서 로트 바일러(Rott weiler)가 많이 수입되고 우리나라에서 굉장한 유행기가 있었다.

　그때 함께 따라온 지금은 사용하지 않는 비디오테이프가 있었다.

　그 영상은 독일훈련대회 영상으로 당시 우리나라의 기술적 수준에서는 표현해낼 수 없는 작품이었다. 그때 필자의 충격은 어마어마했다.

　그 후로 수년이 흐르고 4번의 도전 끝에 독일로 공부를 떠날 수 있었다.

　나는 직업인으로서 내 일에 부끄러운 것이 싫었다. 제대로 된 전문가가 되고 싶었다.

　공부를 제대로 마치지 못하면 이 일을 그만두겠다는 자세로 독일행 비행기에 올랐다.

　공부길에는 누구의 도움 없이 혼자서 비용을 해결하느라 참 힘들었다.

　가난한 유학생의 심정은 경험해본 분들은 말하지 않아도 다 이해하실 것이다.

　새로운 경험은 목마른 나에게 기술의 지평을 넓혀주었고 생각하는 법을 깨닫고 깨우치는 계기가 되었다.

　말 못하는 동물을 교육하고 관리한다는 것은 결코 쉬운 일이 아니다.

매일 교육하고 훈련견의 미세한 변화를 읽고 긍정적인 결과물을 만들어 내기 위해서는 애견훈련사의 자세가 중요하다.

누구나 애견을 좋아해서 애견훈련사에 입문하게 된다.

직업적 출발은 호감에서 시작할 수 있지만 전문가로 생존하기 위해서는 성장기에 전문성을 키우고 늘 성실함을 놓쳐서는 안 된다.

필자 또한 애견훈련사의 길을 가고 있지만 '어려운 직업이다'라는 생각과 기본의 무서운 힘을 무겁게 받들고 있다. 그리고 그 어느 업종보다 보이지 않는 책임의식을 요구한다.

필자에게는 세상살이에 휩쓸려 우물쭈물하다가 아직까지 이루지 못한 꿈이자 완성하지 못한 두 가지 숙제가 있다.

첫째는 애견훈련사로써 올림픽 대회와도 같은 세계 훈련경기 대회에서 우승 트로피를 단상에서 높이 들고 감격의 눈물을 흘리고 싶다.

독일에서의 공부가 기술의 습득도 중요했지만 이러한 대회를 나가고자 하는 의도도 숨어 있었다. 세계 훈련경기대회 출전을 위한 소질 있는 강아지를 수입도 해보고, 국내에서도 찾고 있는데 계속된 노력에도 아직 눈에 들어오는 강아지를 찾지 못하고 있다.

하지만 반드시 도전하여 우승하고 싶다.

그리하여 내가 하는 일에서 만큼은 기술과 매너에서 모두 품위 있게 일본을 누르고 싶다.

두 번째 숙제는 애견 교육과 정보, 운동, 휴식, 즐거움을 주는 애견공원을 만드는 것이다.

우리 주위에 이런 고급편의시설을 갖춘 애견 공원과 더 세련되고 애견인과 반려견이 함께 휴식하고 즐거움을 경험하는 공간 그리고 정보와 교육이 제공되는 장소와 시설로 고객과 직원 모두 자부심이 생기는 그러한 문화시설을 만들고 싶다.

지금 필자는 여러 아픔을 겪으면서 부끄럽게도 현재 작은 애견훈련소를 운영하고 있다.

항상 마음속으로 넓은 부지에 편리한 위락시설을 갖추고 훈련소를 찾아 주시는 견주분들께 보답해야 하는데 그렇지 못한 현실에 늘 죄송한 마음이다.

그러나 교육의 질에서만큼은 누구와도 비교받고 싶지 않도록 성실히 교육에 임하고 있다.

많은 애견인들이 개를 모르고 키우다 보니 문제적 행동에 제대로 대처를 하지 못해 힘들어하는 것을 도와드리는 공간과 반려견과 함께 뛰어놀 수 있는 넓은 잔디 운동장, 그리고 휴식도 함께할 수 있는 공간을 만들고 싶다.

사람과 동물이 아름다운 자연 환경과 함께하는 문화공간을 만들어 애견인들에게 제공해드리는 것이 앞으로 필자가 해야 할 직업적 책무라고 생각한다.

큰 구상이긴 하지만 불가능하다고는 생각하지 않는다.

뜻이 있는 곳에 길이 있다는 것을 믿는다.

부족한 필력과 어쭙잖은 지식이긴 하나 많은 애견인들에게 이 책이 인연이 되어 반려견을 올바르게 키우는 계기가 되길 바라며 사람과 개가 공존함에 있어 사회 질서가 흐트러지지 않고 수준 높은 애견 문화로 성장할 수 있도록 애견인들의 많은 노력과 응원을 드린다.